中 / 华 / 少 / 年 / 信 / 仰 / 教 / 育 / 读 / 本

雷锋日记

中华少年信仰教育读本编写委员会 / 编著

信仰创造英雄　信仰照亮人生

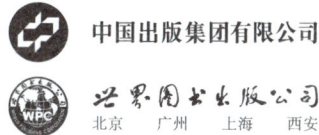

中国出版集团有限公司
世界图书出版公司
北京　广州　上海　西安

图书在版编目（CIP）数据

雷锋日记 / 中华少年信仰教育读本编写委员会编著
. — 北京 : 世界图书出版公司 , 2016.5（2024.5 重印）
ISBN 978-7-5192-0866-0

Ⅰ. ①雷… Ⅱ. ①中… Ⅲ. ①雷锋（1940~1962）—
日记—青少年读物 Ⅳ. ① D648-49

中国版本图书馆 CIP 数据核字 (2016) 第 049128 号

书　　名　雷锋日记
　　　　　LEI FENG RIJI

编　　著　中华少年信仰教育读本编写委员会
总 策 划　吴　迪
责任编辑　梁沁宁
特约编辑　张劲松

出版发行　世界图书出版有限公司北京分公司
地　　址　北京市东城区朝内大街 137 号
邮　　编　100010
电　　话　010-64033507（总编室）　（售后）0431-80787855　13894825720
网　　址　http：//www.wpcbj.com.cn
邮　　箱　wpcbjst@vip.163.com
销　　售　新华书店及各大平台
印　　刷　北京一鑫印务有限责任公司
开　　本　165 mm×230 mm　1/16
印　　张　8.5
字　　数　111 千字
版　　次　2016 年 8 月第 1 版
印　　次　2024 年 5 月第 5 次印刷
国际书号　ISBN 978-7-5192-0866-0
定　　价　35.00 元

序　言

信仰是什么？

列夫·托尔斯泰说："信仰是人生的动力。"

诗人惠特曼说："没有信仰，则没有名副其实的品行和生命；没有信仰，则没有名副其实的国土。"

信仰主要是指人们对某种理论、学说、主义或宗教的极度尊崇和信服，并把它作为自己的精神寄托和行动的榜样或指南。信仰在心理上表现为对某种事物或目标的向往、仰慕和追求，在行为上表现为在这种精神力量的支配下去解释、改造自然界和人类社会。

信仰，是一个人在任何时候都不能丢的最宝贵的精神力量。人有信仰，才会有希望、有力量，才会树立正确的价值观，沿着正确的道路前行，而不至于在多元的价值观和纷繁复杂的世界中迷失方向。

信仰一旦形成，会对人类和社会产生长期的影响。青少年是社会的希望和未来的建设者，让他们从普适意识形成之初就接受良好的信仰教育，可以令信仰更具持久性和深刻性，可以使他们在未来立足于社会而不败，亦可以使我们的伟大祖国永远立于世界民族之林。

事实上，信仰教育绝不是抽象的、概念化的教育，现实生活中，我们有无数可以借鉴的素材，它们是具体的、形象的、有形的、活生生的，甚至是有血有肉的。我们中华民族有着几千年的辉煌历史，多少仁人志士只为追求真理、捍卫真理，赴汤蹈火，前仆后继；多少文人骚客只为争取心中的一方净土，只为渴求心灵的自由逍遥，甘于寂寞，成就美名；多少爱国志士只为一个“义”字，不惜抛头颅、洒热血。他们如滚滚长江中的朵朵浪花，翻滚激荡，生生不息，荡人心魄。如果我们能继承和发扬这些精神和信仰，用“道”约束自己的行为，用“德”指导人生的方向，那么我们的文明必将更加灿烂，我们的国运必将更加昌盛。

正基于此，“中华少年信仰教育读本系列丛书”应运而生。除上述内容外，本丛书还收录了中国人民百年来反对外来侵略和压迫，反抗腐朽统治，争取民族独立和解放，前赴后继，浴血奋斗的精神和业绩，尤其是中国共产党领导全国人民为建立新中国而英勇奋斗的崇高精神和光辉业绩；不仅有中国历史上涌现出的著名爱国者、民族英雄、革命先烈和杰出人物，还有新中国成立以后涌现出的许许多多的英雄模范人物。

阅读这套丛书，能帮助青少年树立自己人生的良好的偶像观，能帮助青少年从小立下伟大的志向，能帮助青少年培养最基本的向善心，能帮助青少年自觉调节自己的行为，能帮助青少年锁定努力的方向，能帮助青少年增加行动的信心和勇气。

习近平总书记说:“人民有信仰，民族才有希望，国家才有力量。”因此我们有理由相信：少年有信仰，国家必有希望。

中华少年信仰教育读本编写委员会

目录

第一章 如果是一滴水

1958 年

6 月 7 日

……如果你是一滴水，你是否滋润了一寸土地？如果你是一线阳光，你是否照亮了一分黑暗？如果你是一颗粮食，你是否哺育了有用的生命？如果你是一颗最小的螺丝钉，你是否永远坚守在你生活的岗位上？如果你要告诉我们什么思想，你是否在日夜宣扬那最美丽的理想？你既然活着，你又是否为未来的人类的生活付出你的劳动，使世界一天天变得更美丽？我想问你，为未来带来了什么？在生活的仓库里，我们不应该只是个无穷尽的支付者。

解读

1958 年 6 月，雷锋在家乡望城县（今长沙市望城区）的团山湖农场工作，是一名光荣的拖拉机手。

之前，雷锋在望城县县委机关工作。虽然只是打扫卫生、打开水、沟通上下级，但这样的工作经历已经让雷锋比同龄人接受更多的锻炼。此时的雷锋已经先人一步接触到《毛泽东选集》，并加以研读。雷锋最向往的，是尽快入党，成为一名中国共产党党员。

“为未来带来了什么？”——产生这个思考的时候，雷锋还不到18岁。在这篇日记中，雷锋用诗一般优美的语句向自己发问。这一系列问号，表达了雷锋对生命意义的思考：你是否是一个有用的人？你是否为想要做的事情付出了？你是否给他人带来益处？

我们每一个人都应该进行这样的思考。雷锋说得对，在人生中，我们不应当做一个资源的消费者，而应当做一个生产者。因为只有为他人、为社会创造价值的人，才是真正有价值的人。

6月×日

读《沉浮》以后，这本书给了我深刻的印象，通过沈浩如和简素华的恋爱故事教育了我。我认为简素华的那种坚强不屈的意志，那种高尚的共产主义风格，那种克服困难的决心和信心，那种艰苦朴素的工作作风，对群众那样的关怀，这位女同志是值得我学习的。沈浩如同志是一个有严重资产阶级意识的人，处处只为个人打算，怕吃苦，他那些可耻的行为，我坚决反对。

解读

这篇日记是雷锋的一篇简短的读书心得。

雷锋不但爱读书、能钻研，还喜欢拿起笔来动手写，是一个颇有潜质的文艺青年。他有一个专门用来放书的藤条箱子，其中就有《沉浮》这部小说。除此之外，还有《刘胡兰》《黄继光》《赵一曼》《董存瑞》和《钢铁是怎样炼成的》等书籍。

《沉浮》的作者是艾明之，出版于1958年。这部小说出版后反响强烈，后来还被改编为电影，名为《护士日记》。这是一部属于那个时代的励志小说。小说以20世纪50年代中期的社会主义建设为背景。故事发生在东北，描写的是上海护士学校毕业生简素华如何正确处理爱情、理想和事业之间的关系，勇敢投身到祖国建设中去的故事。

雷锋用简洁的语句，对书中的两个主人公进行了透彻的剖析。一个甘于奉献，意志坚强，作风朴素；另一个怕苦怕累，自私自利，消极懒惰。简素华和沈浩如这两个人物形象之间形成了鲜明的对比，侧面反映出不同社会阶级之间的本质差异。对此，雷锋表明了自己的态度和立场。

雷锋永远是那么爱憎分明。正如这篇日记中所写的，书中好的人物、好的品质，雷锋要学习；不好的人和事，他厌弃、反对。这种锐意进取的态度驱使着雷锋不断向先进人物学习，不断取得进步。

×月×日

一、保证克服一切困难，勤学苦练，早日学会技术。

二、保证破除迷信，大闹技术革命。

三、保证维护好机械，做到勤检查，勤注油；保证全年安全生产，不出机械和人身事故。

四、保证以冲天的革命干劲儿，以百战百胜的精神，苦干、实干、巧干，超额完成生产任务。

五、保证百分之百地参加学习和各种会议，以求得政治、文化、技术各方面的提高。

六、保证做好社会宣传工作，敢想、敢说、敢干，发挥一个共青团员应有的热能。

解读

这篇日记是哪一天写的，我们已无法确定，但可以肯定的是，它的写作年份是 1958 年。

1958年，雷锋经历了一次工作变动，那就是从湖南望城县的团山湖农场调到辽宁鞍钢化工总厂的洗煤车间。与此同时，雷锋的工作岗位也发生了变化，由一名拖拉机手变成一名推土机手。出现这次变动，是因为雷锋一心要投入到社会主义建设当中，为祖国建设尽一份力。

此时雷锋把自己的本名雷正兴改为“雷锋”。钢铁，是那个年代的热门话题，全国上下都在大炼钢铁。雷锋的“锋”，就与钢铁有关，同时也表达出雷锋想做先锋、钻研技术的决心。

这篇日记是雷锋给自己提出的一些工作要求。比起日记来，它更像保证书。日记中的“保证”，言辞恳切，态度坚决。我们看到，雷锋在多个方面对自己提出严格要求：既要提升技术水平，又要提高精神觉悟，还要超额完成生产任务。到鞍钢没多久，雷锋的努力便得到了认可，他被评选为“鞍山市青年社会主义建设积极分子”。

严格的自我要求使得雷锋在同龄的年轻人中出类拔萃。

第二章 听党的话

1959 年

8 月 26 日

自从由鞍山转到弓长岭以来，自己就下定决心：一定要很好地工作、学习，争取加入中国共产党。对各种学习任务都能认真完成；自学较好，每天早晨学习一小时，晚上总是要自学到深夜 10—11 点钟。早晨坚持做早操，没有违犯过纪律，都能按规定去做。今后，我应当继续加强组织纪律性，同违法乱纪作斗争，严守纪律，听从指挥，做好机器检查和保养，保证安全，消灭事故。努力学习政治，开展思想斗争和批评与自我批评，加强团结，虚心学习。

解读

1959 年 8 月，雷锋的工作岗位再次发生变动。

雷锋主动申请从鞍钢化工总厂调到工作环境恶劣的弓长岭矿山，加入那里正在进行的焦化厂的基础建设。弓长岭，当时就是一个大山沟，环境差，职工没有像样的宿舍，只能暂时住在破旧的土屋里。食堂只能用苇席临时搭建，吃水更困难，得跑到三里之外的地方去挑水。

这篇日记记录了此时的雷锋对自己的工作要求。他确立了“入党”的目标，下定决心努力学习，遵守纪律，做好工作。每一项，雷锋都做了细致的规划。比如，加强哪些方面的学习、平时怎样利用时间、从哪些方面做好工作等。

雷锋思路清晰，有条不紊地为自己做安排，真心实意地想把各个方面都做得很好。在那个激情燃烧的年代，雷锋憋足了劲儿，准备大干一场。他这样严格要求自己，为日后成为一名“先进生产者”打下了坚实的基础。

雷锋在焦化厂只工作了四个多月，就取得了骄人的成绩，被评为“先进生产者”一次，“节约能手”三次，“红旗手”两次，并出席了共青团鞍山市委召开的青年积极分子代表大会。

8月30日

我深深地认识到，做每一件工作，完成每一项任务，哪怕是进行每一次学习，都十分需要听党的话，听领导的话，争取领导的帮助和支持。

党和领导叫怎样去做，就不折不扣地按党的指示去做。这样，就是有再大的困难，也有办法克服；再艰巨的任务，也能完成。相反，如果脱离了领导，不听党的话，光凭个人的心愿去做事情，是很难做好的，甚至要犯错误。有些同志思想进步慢，工作成绩差，是什么原因呢？我认为原因只有一个，就是自以为正确，不听党的话，不听群众的话，明明自己的看法不对，也不改正；明明领导和同志们的意见是正确的，也不诚恳地接受。这样，就会落后。

党的声音，就是人民的声音。

听党的话，就会开放出事业的花朵！

解读

这篇文字记录的是雷锋工作中的心得和体会。

“听党的话，就会开放出事业的花朵！”——这是雷锋深刻的感悟。雷锋没有写出是哪件具体的事情让他产生了这样的体会。但从字里行间的话语中，我们可以感觉到雷锋是在经历过一番历练之后才写出了这篇具有总结性的体会。

“听党的话，听领导的话”，就不会犯错误、走弯路。雷锋用经验告诉我们，不按照“党和领导”的要求去做就会出问题。雷锋这样强调听从“党和领导”的话的重要性是有道理的。历史早已证明，我们国家之所以能经济腾飞、国力增强，都是在中国共产党的领导下实现的。

如果我们还没有走上工作岗位，那就多倾听家长的教诲和老师的教导。他们有相当多的社会阅历，经验丰富，又一心希望我们能够健康、快乐地成长。听他们的话，对我们一定是有帮助的。

10月×日

一、加强修养，努力学习团纲、团章和有关团员修养的书籍，处处听党的话；坚决地、无条件地做党的驯服工具。

二、把自己的全部力量献给党的建设事业，在生产中，一定完成任务，一红到底，有一分热发一分光。

三、虚心向群众学习，并以团员的模范作用，带动群众前进。

四、掌握批评与自我批评的武器，经常向支部汇报自己的思想情况，在支部的直接领导、监督下，努力改造自己的思想。

解读

在这篇日记中，雷锋向自己提出作为共青团员的几个要求。中国共产主义青年团是中国共产党领导的先进青年的群众组织，是广大青年在实践中学习共产主义的学校，是共产党的得力助手和后备军。

这时的雷锋还没有成为共产党的一员。身为一名团员，雷锋在团体中发挥着模范带头作用。正如日记里写的，雷锋时刻记得自己的身份，不断加强自己的修养，尽全力工作，虚心学习，提高思想觉悟。以这样的标准要求自己，雷锋必定能够成为一名合格的党员。

10 月 × 日

昨天我听到一位从北京开积极分子代表大会回来的同志做报告。他说，毛主席在北京接见了他们，毛主席的身体很健康，对我们青年一代无比的关怀和爱护……当时我的心高兴得要蹦出来。我想，有一天我能和他一样，见到我日夜想念的毛主席该有多好，多幸福啊！可巧，我在昨天晚上做梦就梦见了毛主席。他老人家像慈父般地抚摸着我的头，微笑地对我说："好好学习，永远忠于党，忠于人民！"我高兴得说不出话来了，只是流着感激的热泪。早上醒来，我真像见到了毛主席一样，浑身是劲儿，总觉得这股劲儿，用也用不完。

我决心听党的话，听毛主席的话，永远忠于党，忠于毛主席，好好地学习，顽强地工作，为党和人民的事业贡献自己的一切，做一个毫无利己之心的人，我一定争取实现自己最美好的愿望，真正见到我们最伟大的领袖毛主席。

解读

听说有位同志在北京受到了毛泽东的接见，这真正触动了雷锋的内心。在日记里，雷锋倾诉了自己由来已久的梦想——亲眼见到伟大的毛泽东。

在雷锋心里，毛泽东是最伟大、最令人敬佩的人。如果能亲眼见到这位伟人，目睹他的风采，将是一件多么令人欢欣鼓舞的事！

雷锋没有把梦想封存，只停留在"梦"里，而是将它付诸实践，用自己的努力让梦想成真。于是，雷锋下定决心，照毛主席说的话去做。他相信，只要一刻不放松，认真做好每一件事，总有一天自己也能到北京去参加先进代表大会，得到毛主席的接见。

如果不是一场意外，如果不是因公殉职，雷锋的“梦想”是可以成真的。1962 年 6 月，沈阳军区政治部批准雷锋作为沈阳军区代表，参加 1962 年 10 月 1 日的国庆观礼。但令人扼腕，让人遗憾的是，1962 年 8 月 15 日雷锋意外去世，永远地与这即将成真的“梦想”擦肩而过了。

雷锋是个积极向上、锐意进取的人。看到别的同志受到了表扬，雷锋没有一味地羡慕他，也没有嫉妒他，更没有灰心丧气。他为自己树立目标，为自己加油鼓劲儿，他满怀信心地继续努力。

在“梦想”面前，雷锋是一位名副其实的实干家，一个不折不扣的行动者。

10 月 × 日

1958 年入厂时候，我只是一个抱着感恩的思想埋头苦干的工人，在生产上只能做到完成自己的任务和达到每天的定额。

后来，在党的教育下，特别是受到党的社会主义建设总路线和全国人民冲天干劲儿的鼓舞，才使我的思想和眼界变得更加开朗和远大，才使我的干劲儿越来越高涨。

由于党的教育，我懂得了这个道理：一朵鲜花打扮不出美丽的春天，一个人先进总是单枪匹马，众人先进才能移山填海。

解读

雷锋是一个懂得感恩的人。

这篇日记里雷锋深情地抒写着对党的感激之情。

在没有接受党的教育时，雷锋评价自己只是在“埋头苦干”。

在党的教育和指引下，雷锋的思想境界得以提升，眼界得以拓展，工作做得更好了。

无论做任何事情，没有坚定信念和高贵品格的引领，只是一味地埋头苦干是不行的。不向周围看一看、不听从组织上的号召，单凭自己的想法埋着头干活儿，也许可以做得不错，但那也只是完成任务而已。如果肯抬起头来，多听取一些建议，增长一些见识，由信念做支撑，由楷模来引领，你一定会做得更好。

请相信集体的力量，团队的力量，把自己这个“小我”融入到“大我”当中去。

10月25日

青春啊！永远是美好的，可是真正的青春，只属于这些永远力争上游的人，永远忘我劳动的人，永远谦虚的人。

一滴水，只有放进大海里，才永远不会干涸；一个人，只有当他把自己和集体事业融合在一起的时候才能最有力量。

解读

青春的岁月，火热的激情，是人生中最宝贵的财富。我们每一个人都对青春岁月无比珍视。然而，你是否思考过，我们该如何度过自己宝贵的青春时光？怎样度过这段日子，才不至于在日后回想起来感到遗憾？你想要做一个怎样的年轻人？

这篇日记里雷锋给出了答案——做一个力争上游，忘我劳动，永远谦虚，将自己的青春献给集体事业的人。

志犹学海，业比登山。雷锋精神其实并不“虚”，句句都很实在。如果你按照雷锋精神指引的方向去做，相信你会拥有一个无悔的青春。你的青春岁月，也必将因为你所做的实实在在的事情而显得充实、美好。

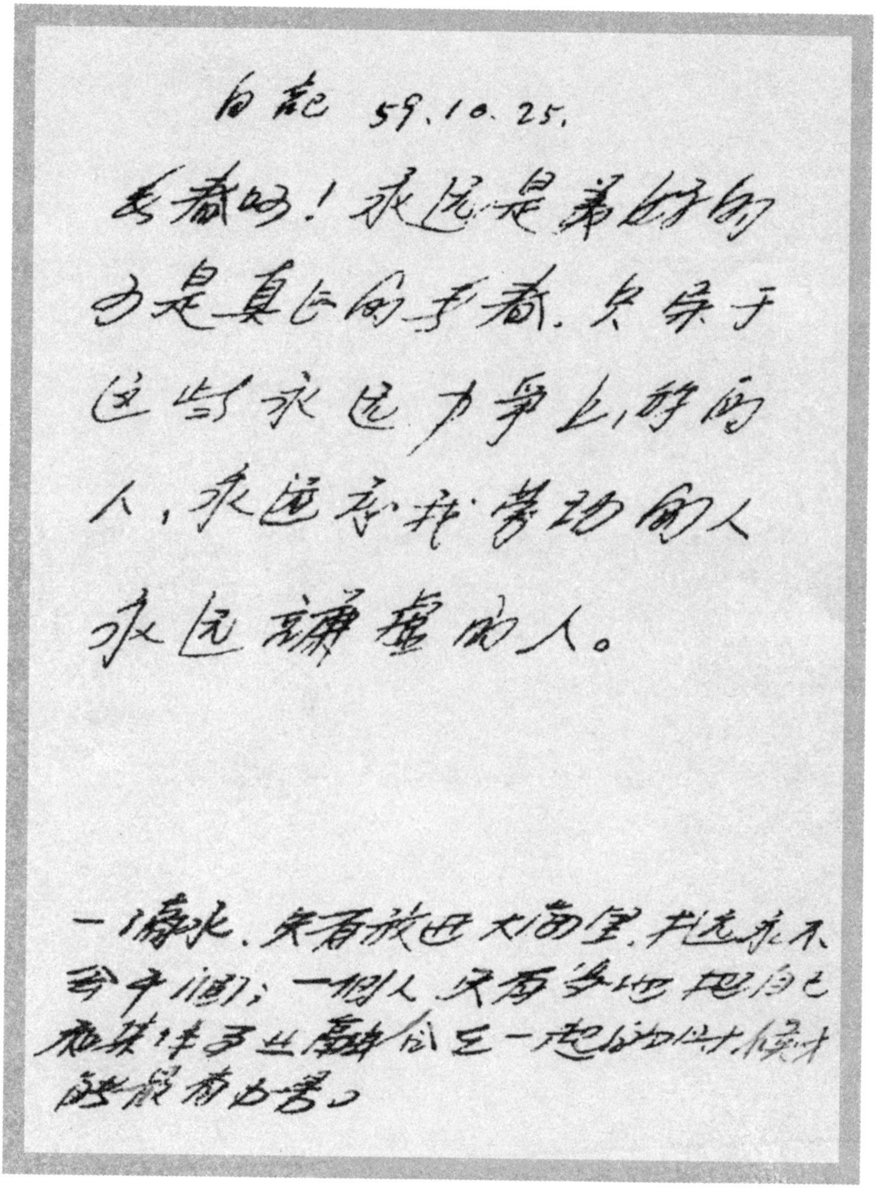

日记 59.10.25.

青春呀！永远是美好的，
可是真正的青春，只属于
这些永远力争上游的
人，永远忘我劳动的人，
永远谦虚的人。

一滴水，只有放进大海里，才永远不
会干涸；一个人，只有当他把自己
和集体事业融合在一起的时候，才
能最有力量。

11月2日

向市劳动模范张秀云学习。首先学习她高度的主人翁责任感，对党、对社会主义建设事业的赤胆忠心；学习她积极主动、帮助别人、大公无私、舍己为人的共产主义思想和团结群众的优良作风；学习她坚持向群众学习、不断充实自己、谦逊好学的精神。

解读

雷锋一直把先进模范人物当作自己的榜样，每每听到这些人的事迹，雷锋总是深受鼓舞。这篇日记中所提到的市劳动模范张秀云同志就是一个爱岗敬业、无私奉献、锐意进取的人。张秀云身上的闪光点，被雷锋写在纸上，更牢牢地铭刻在他的心上。

别人做得好的地方雷锋都想拿来学习，想方设法把这些“好”都变为自己的。想一想，其实我们身边的每个人都有自己的优点。如果能多留心，多观察，把他人的优点变为自己的，烂熟于心并不断运用到实践当中去，你必将成为一个出色的人！

11月14日

今天，我感到特别的高兴，一天的紧张工作过后，一点儿也不觉得疲劳，我感到浑身是劲儿，深夜了，我还坐在车间调度室里，看一本学习毛泽东同志的思想方法和工作方法的书，真使我看得入了迷，越看越使我感到毛主席的英明和伟大。

深夜11点钟了，走出门外，天黑得伸手不见五指，这时突然下起雨来了。陈调度员说，我们建筑焦炉工地上，还散放着7200袋水泥。陈调度员急得一时手足无措……雨越下越大，这时，我猛然想到了党的教导，要我们爱护国家财产，又想到了我是一个共青团员。想到这些，一种无穷的力量鼓舞着我急忙跑到工地，用自己的被子，并脱下了衣服，抢着盖在水泥上。后来，我又跑到宿舍，发动了20多个小伙子，组织了一个抢救水泥的突击队，有的忙着找雨布，有的忙着找芦席，盖的盖，抬的抬，经过一场紧张的战斗，避免了国家的财产受到重大的损失。

这时，我才松了一口气。抹掉了头上的汗，带着乐观的心情，昂首阔步回到了宿舍，回忆自己为国家、为党做的一点点工作而高兴。

解读

这篇日记记录下雷锋组织工友们“抢救”水泥的详细经过。通过这件事，我们看到了一个为保护国家财产挺身而出，无私奉献的雷锋。

雷锋及时发现水泥淋雨的情况，并在危急时刻能够迅速做出如何处理的决定，毫不迟疑，我们不由得要为雷锋鼓掌！这简直就是一场紧张的“战斗”，而雷锋简直就是战场上的一个大英雄。

在我们今天的生活中，依然需要像雷锋一样的人。试想，面对突发事件，如果所有人都以事不关己的姿态对待，不愿站出来，不想去解决问题，那么事情将会恶化到什么程度呢？总要有人第一个站出来，总要有人多承担责任，多付出一些，希望那个人是你、是我。只有这样，我们的生活才能变得更加美好。

11月×日

我们在建设焦化厂期间，住不好、吃不好和工作环境不好等，这些困难都是暂时的、局部的、可以克服的。只要我们有叫高山低头、河水让路的气概，是没有战胜不了的困难的。

解读

“是没有战胜不了的困难的”——做任何事情都要有这样的心态和气概。

想想革命时期的腥风血雨，大建设时期的艰难困苦，如今，我们在生活中各方面遇到的小困难、小挫折、小麻烦又算得了什么呢？

有人说，智慧的最大成就也许得归功于激情。20世纪的五六十年代，我们的国家正处在社会主义建设的高潮时期，全国人民上下一心，士气高涨。雷锋离开工作了九个月零五天的鞍钢洗煤车间，来到了住不好、吃不好、环境条件很差的焦化厂，这是雷锋自己的选择。雷锋做出这样的选择，很多人嘲笑雷锋“傻”，但是他自己并不这样认为。为建设国家出一份力，怎么能叫“傻”呢？当一心想着为国家开展工程建设，有叫高山低头、河水让路的豪迈气概时，环境不好、条件艰苦这些暂时的困难，真的算不了什么。

只要勇于面对，很多问题总会有解决的办法。但是，如果你认为逃避是精明的做法，那你就永远只能是一个停滞不前、懦弱怕事的人。

11月20日

我在鞍钢开推土机时，车间主任给了我一个任务，要我带三个学员。自己的技术不高，又怎能教好学员呢？可是，我想到这是党给我的任务，我一定要坚决完成。在驾驶和学习机器构造原理时，我和他们互相研究，我不懂就去请教其他师傅，而后再告诉他们。他们只用四个月就学会了开推土机。毕业后，工厂要给我36元带学员的师傅钱，我没要。我学的技术是党培养的，今天告诉别人是应该的。

解读

在这篇日记当中，我们可以看到雷锋是怎样处理自己遇到的问题和困难的。在自己技术水平不高的情况下，还要教自己的同事开推土机，面对这一问题，雷锋不但没有逃避，没有推脱，没有退让，而且还圆满地完成了任务。

雷锋是怎样做到的呢？很简单，遇到不懂的地方就把它弄懂。遇到不好解决的难题，雷锋先自己钻研，弄不明白就向别人请教，直到把问题弄清楚为止。

完成教别人开推土机的任务后，上级要给雷锋报酬，他拒绝了。36元，在当时并不是个小数目。雷锋当时的工资每月22元，另外算上津贴、保健和劳保也不过30元多一点。

雷锋不接受“师傅钱”的做法，会让今天的人们觉得很不可思议。毕竟，这是靠自己的劳动获得的报酬，拿了也是理所当然的事。雷锋有自己的“账本”，自己的技术本来就是党教的，党让他把自己学到的知识技能传授给别人，这是自己应该做的，怎么能够向党索取回报呢！

雷锋之所以能这样想，是因为他心里时刻都充满对党无限的感激和热爱之情。

11月26日

中午12点，我刚从车间开完会回到宿舍，一进门就被大家围住了。小王拿着一张报纸跑到我跟前说：“雷锋同志，你看，你上次在雨夜抢救水泥，登了共青团员报了！”当时，我也和大家同样感到高兴。这对我和大家来说，都是很大的鼓舞……我这么一点点贡献，比起党对我的要求和希望还是做得很不够的，但是我有决心忘我地劳动，赤胆忠心，不骄不傲地乘胜前进。多为党做一些工作，这就是我感到最光荣的。

解读

在雷锋质朴的语言当中，我们可以感受到他喜悦的心情和自豪感。每个人都渴望被别人肯定和表扬，雷锋也不例外。

《共青团员报》登载了雷锋带头抢救水泥的事迹，这是对雷锋的行为的肯定。雷锋因此备受鼓舞，但他并没有骄傲。作为一名共青团员，雷锋觉得自己做了应该做的事情而已。

雷锋“不骄不傲”的精神是可贵的，他是一个强者。在得到荣誉，内心充满喜悦的同时，平衡自己的心态是非常重要的。“胜不骄，败不馁”，才能得到长足的进步。如果一有肯定和赞美的声音传来，自己就骄傲起来，放松要求，降低标准，那么退步就会接踵而至。真正的强者是不会被喜悦冲昏头脑的。

12月4日

昨天，当我听到车间总支部李书记关于1959年征兵的报告后，我激动得一时一刻都没有平静。深夜了，我怎么也睡不着觉，便从床上爬起来，跑到了车间办公室，叫醒了已熟睡的李书记。我问他：“我能不能入伍呀？”李书记笑着回答说：“能呀！像你这样身强力壮的小伙子，参加人民解放军是顶呱呱的哩！”他从头到脚仔细地看了我一下说：“哎呀，小雷怎么没穿棉衣呀！下这么大的雪，不冷吗？”这时我才觉得穿一身衬衣有点寒冷。李书记把棉衣披在我的身上。回到了宿舍，我还是不想睡觉，坐在条桌旁写我的入伍申请书和决心书。

今天一清早，我就到车间报了名。现在，我的愿望就要实现了，我怎么能够不高兴呢！只要组织上批准我入伍，我一定要把自己最可爱的青春献给我们的祖国，做一个真正的共产主义革命战士……

解读

1959年，征兵工作一开始，雷锋就下定参军的决心。雷锋热爱祖国的大好河山，因此当一名保家卫国的解放军战士是雷锋儿时就有的梦想。

雷锋的身体条件其实达不到当兵的标准，但他参军的心情却十分迫切。正如日记里所写的，从得知征兵的消息开始，雷锋的心便难以平静，连夜写了入伍申请书和决心书，第二天一早就去报了名。

1959年12月9日，雷锋热情洋溢的入伍申请书——《我决心应召》，刊登在弓长岭《矿报》上。雷锋的诚恳和执着感动了所有的人，虽然后来历经不少的“波折”，勤快懂事、热情能干的好青年雷锋还是如愿地被“破格”批准入伍。

12月7日

早上六七点钟，我和朱主席以及其他几位代表们坐火车到了弓长岭矿开“先进生产者”、“红旗手”以及工段以上的干部大会。

当我一走进会场，真把我吸引住了：会场布置得是那么的庄严、美丽。上午9点钟，会议正式开始。首先党委高书记宣布了大会主席团名单，其中有我一个。当我走上主席台时，我那颗火热的心是多么的激动啊！像我这样一个放猪、流浪出身的穷孩子，今天能参加这样的大会，同时还把我选为主席团的成员。我是党的，光荣应该归功于党，归功于热情帮助我进步的同志们。

解读

雷锋真的很谦虚。

在雷锋得到荣誉的时候，他不认为这是自己的功劳，而是党和人民给予的。日记中，雷锋很少提到自己获得荣誉的事情。其实，在鞍钢化工总厂和焦化厂工作的日子里，雷锋获得过很多荣誉：三次被评为“先进生产者”，十八次被评为“标兵”，五次被评为“红旗手”，还获得过“青年社会主义建设积极分子”的称号……

雷锋始终严格要求自己，孜孜不倦地奋斗在自己平凡的岗位上。

无论到哪个岗位，他都干得很出色。即便获得了荣誉，也不曾被鲜花和掌声迷醉。雷锋清楚地知道，自己还要不懈努力，不断进取。如此度过一生，才是充实且快乐的。

12月8日

一个革命者，当他一进入革命行列的时候，就首先要确立坚定不移的革命人生观……树立这样的人生观，就必须培养自己的思想道德品质，处处为党的利益，为人民的利益着想，具有大公无私、舍己为人的风格……要能够为党的利益，为集体的利益不惜牺牲自己的利益。否则就是个人主义者，是资产阶级的人生观。

解读

雷锋对自己有明确的定位，清晰的愿景。

决定了做哪种人，雷锋就按相应的标准去践行自己当初的心愿。雷锋要做的是一个革命者，这就要求他不能以自己的个人利益为追求目标，而要以人民的利益、集体的利益为重，甚至为了集体的利益，舍弃自己的一切。

正因为这样，雷锋没有任何怨言。他一直告诉自己，即便付出得再多，自己也是在做应该做的事情，没有什么可委屈的。

这就是雷锋的人生观。虽然他的年龄不大，却有这样深刻、纯粹的人生感悟，我们不禁要对他表示由衷的钦佩！

12月20日

一个人出生在世界上以后，除了早夭的以外，总要活上几十年。每个人从成年一直到停止呼吸的几十年的生活，就构成个人的历史。至于个人的历史画面上所涂的颜色是白的、灰的、粉红的或者鲜红的，虽然客观因素起一定作用，但主观因素起决定性的作用。每个人每时每刻都在写自己的历史，每个共产党员和共青团员都应该好好地想一想，怎样来写自己的历史。每个共产党员和共青团员时时刻刻都要以马克思列宁主义、毛泽东思想来做自己思想行动的指导，真正做到言行一致。我要永远保持自己历史鲜红的颜色。

解读

对于人的一生，雷锋在这篇日记里做了生动的诠释。没错，自己的路是自己走出来的，每一个人都是自己人生图景的设计师。用辛勤的汗水浇灌人生，你就会拥有充实的生活；用懈怠的态度对待生活，只能碌碌无为度过终生。

“每个人每时每刻都在写自己的历史”，雷锋的话值得我们细细品味，深深思考。你想要一个什么样的人生，就要行动起来，朝那个方向进发。这和“种瓜得瓜，种豆得豆”的道理是一样的，没有必要对自己的生活发出怨言。遇到问题时，应该想一想自己最初的梦想和目标，坚持一下，冷静一点，相信自己能排除各种各样的“拦路虎”！

记住，不要因为路途遥远，就忘了为什么启程。

争当雷锋精神传人 弘扬社会文明新风

第二章

在革命的大家庭里

1960 年

1 月 8 日

这天是我永远不能忘记的日子，这天是我最大的荣幸和光荣的日子。我走上了新的战斗岗位，穿上了黄军装，光荣地参加了中国人民解放军。我好几年来的愿望在今天实现了，真感到万分的高兴和喜悦，这是我一生最大的幸福。

在党的正确领导下，在革命的大家庭里，我一定要好好地锻炼自己。在入伍的这一天，我提出如下保证：

一、听党的话，服从命令听指挥，党指向哪里，我就冲向哪里。

二、加强政治学习，多看报纸和政治书籍，按时参加部队各种会议和学习，积极宣传党的政策，密切靠近组织，及时向组织反映各种情况，不断提高自己的政治思想觉悟。

三、尊敬领导，团结同志，互帮互爱互学习。

四、严格遵守部队一切纪律，做到虚心向老战

士学习，刻苦钻研，加强军事学习，随时准备打击敌人。

五、克服一切困难，发扬先辈优良的革命传统。我要坚决做到头可断，血可流，在敌人面前决不屈服、投降。我一定要向董存瑞、黄继光、安业民等英雄学习。

六、我要努力学习政治、军事、文化，我要好好地锻炼身体。我一定要在部队争取立功当英雄，我一定要做一个毛泽东时代的好战士，我要把我可爱的青春献给祖国最壮丽的事业。

以上六条是我努力的方向和我的奋斗目标。今天我太高兴太激动，千言万语一下要写完是办不到的，因此写到这里告一段落。

我渴望已久的参加中国人民解放军的理想实现了，怎么叫我不高兴呢！我恨不得把我的心掏出来献给党才好。晚上我怎么也睡不着，我的心就像大海的浪涛一样，好久不能平静。

我，一个在旧社会受苦受罪的穷苦孤儿，现在成为一个国防军战士，得到党和首长的信任，受到战友们的热爱，我真不知说什么好……

在这个革命的大家庭里，首长胜过父母，战友亲过兄弟，这一切只有在党的领导下的人民军队里才能得到……

我一定不辜负党对我的教育和期望，我决心保持和发扬我们弓长岭矿全体职工的光荣，军政学习争优秀，全心全意保卫国防，成为一个优秀的国防军战士。

解读

1959 年 12 月，征兵工作开始。走进绿色军营可以说是雷锋最大的心愿。在那个年代，成为一名解放军战士是无数热血青年的梦想。

12 月 9 日，雷锋为实现自己参军的梦想，亲自跑到几十里外的兵役局请求军队领导准许自己入伍。虽然他身高较矮，体重偏轻，达不到入伍体检的要求，但由于他平时在工作和生活中的表现极为优秀，几乎所有的人都为雷锋说好话，认为他是一个名副其实的好青年。最后，雷锋被破格批准入伍。

1959年12月25日，辽阳市人民武装部给雷锋颁发了“入伍通知书”。参军的梦想终于实现了，雷锋日记的字里行间，都洋溢着喜悦和兴奋！

作为党的忠诚战士，雷锋在入伍的那一天就为自己确定了奋斗目标：认真听党的话，努力学习，争取立功，等等。雷锋立志要把自己的青春献给祖国的事业。雷锋是真诚的，真挚的言语充分表达了对党、对祖国的热爱之情。

1月12日

今天，我看了一篇文章，那上面讲了许多同困难作斗争的道理。文章说：

“斗争最艰苦的时候，也就是胜利即将来到的时候，可也是最容易动摇的时候。因此，对每个人来说，这是个考验的关口。经得起考验，顺利地通过这一关，那就成了光荣的革命战士；经不起考验，通不过这一关，那就要成为可耻的逃兵。是光荣的战士，还是可耻的逃兵，那就要看你在困难面前有没有坚定不移的信念了。”文章还说：“困难里包含着胜利，失败里孕育着成功，革命战士之所以伟大，就是他们能透过困难看到胜利，透过失败看到成功，因此他们即使遇到天大的困难，也不会畏怯逃避；碰到严重的失败，也不至气馁灰心，而永远是干劲儿十足，勇往直前，终于成为时代的闯将。”

“虽然是细小的螺丝钉，是个微细的小齿轮，然而如果缺了它，那整个的机器就无法运转了，慢说是缺了它，即便是一枚小螺丝钉没拧紧，一个小齿轮略有破损，也要使机器的运转发生故障的。”

“尽管如此，但是再好的螺丝钉，再精密的齿轮，它若离开了机器这个整体，也不免要当作废料扔到废铁料仓库里去的。”

解读

即便是一颗小螺丝钉，或是一个小齿轮，如果缺少了它，整个机器将无法继续运转下去；如果离开了整体，即使它是再好的螺丝钉，或是再精密的齿轮，也只能算是无用之物。

多么富有哲理的思考和见解！难怪毛泽东在读完雷锋日记后，也感慨此人懂得点儿哲学。

对于国家或一个集体而言，每个人都如同一颗小小的“螺丝钉”。或许不引人注目，但肩上都担负着保证国家或集体这台大机器正常运转的职责。因此，对于这种责任，我们内心应当充满自豪感和使命感，努力做好本职工作，贡献自己的全部力量。

2 月 × 日

可以说在我的周身的每一个细胞里，都渗透了党的血液。

为了忠于党的事业……今后，我一定要更好地听从党的教导，党叫我干什么，我就干什么，绝不讲价钱……

解读

“学习雷锋好榜样，忠于革命忠于党”，雷锋把党的事业永远放在第一位，处处以国家和人民的利益为重。因此，雷锋发自肺腑地说：“在我的周身的每一个细胞里，都渗透了党的血液。”

信仰和信念的力量是无穷的。同样，雷锋的精神血脉在不断地传承。“雷锋啊，我的战友！你的生命，在我身上延续；你的热血，在我身上沸腾。”这是“人民的好儿子”刘英俊日记中写下的一段话。刘英俊 1962 年入伍，在 1966 年 3 月部队进行野外训练时，战马受惊，他为保护6名儿童而英勇献身。

2月15日

敬爱的毛主席，我看到您写的《纪念白求恩》这篇文章，深受教育，被感动得流下了热泪。

过去有人讽刺我说："你积极有什么用，那么点的小个子，给你150斤重的担子，你就担不起来。"我听了这话，还埋怨自己为啥长这么点小个子呢！

可是，您老人家说："一个人能力有大小，但只要有这点精神，就是一个高尚的人，一个纯粹的人，一个有道德的人，一个脱离了低级趣味的人，一个有益于人民的人。"这话给我很大鼓舞。个子小我也要尽我自己最大的力量，做到毫不利己，专门利人，向伟大的国际主义战士白求恩学习。

解读

《纪念白求恩》高度赞扬了白求恩的高贵品格："白求恩毫不利己专门利人的精神，表现在他对工作的极端的负责任，对同志对人民的极端的热情。"文章最后写道："我们大家要学习他毫无自私自利之心的精神。从这点出发，就可以变为大有利于人民的人。一个人能力有大小，但只要有这点精神，就是一个高尚的人，一个纯粹的人，一个有道德的人，一个脱离了低级趣味的人，一个有益于人民的人。"

白求恩是一名加拿大共产党员，受加拿大共产党和美国共产党的派遣，到中国支援中国人民的抗日战争，在陕北前线为军民们提供医疗救助。1939年11月12日，白求恩大夫不幸以身殉职。

毛泽东得知这一消息后悲痛万分，亲笔写下了这篇感人至深的文章，号召中国人民学习白求恩同志的共产主义精神和国际主义精神。

学习这篇文章后，雷锋深受感动，大受启发，更加坚定自己为祖国和人民奉献一生的理想和信念。

“小个子”雷锋的力量并不小，因为他有信念、有信仰。

3 月 × 日

我学习了毛主席著作以后，懂得了不少道理，脑子里豁亮，越干越有劲儿，总觉得这股劲儿永远也使不败。

我为群众尽了一点自己应尽的义务，党却给了我极大的荣誉，去年被评为“先进生产者”，并出席了鞍山市青年建设积极分子大会。这完全是由于党的培养，是由于毛主席思想给了我无穷的力量，是由于广大群众支持的结果。我要永远地记住：

“一滴水只有放进大海里才能永远不干，一个人只有当他把自己和集体事业融合一起的时候才能有力量。”

“力量从团结来，智慧从劳动来。

行动从思想来，荣誉从集体来。”

我要永远戒骄戒躁，不断前进。

解读

毛泽东的著作像太阳，字字句句闪金光，照得战士心里亮，工作学习有方向。

雷锋对此深有体会。从毛泽东的著作当中，雷锋获得了无穷无尽的力量，自觉地将个人与党和人民的事业融合在一起，服从于社会主义建设事业的需要。

“一滴水只有放进大海里才能永远不干”，他把服务人民当作自己最大的幸福，把助人为乐当作自己最大的快乐。

“智慧从劳动来”“荣誉从集体来”，在每一个平凡的岗位上，雷锋都忠于职守、勤奋工作。雷锋一直在不懈地努力工作，通过学习提高自己，敢于直面挑战，做出不平凡的业绩。

雷锋用自己的言行诠释了什么叫作平凡而伟大。

3月10日

在今天的电影里，我看到英勇的革命战士黄继光。他为了党和人民的事业，为了人类的解放而献出了自己最宝贵的生命……他这种为了党和人民的事业而牺牲了自己的崇高精神是值得我永远学习的。

……

解读

1952年10月，朝鲜战场上的上甘岭战役爆发。中国人民志愿军在反击敌人的过程中伤亡很大，为一举打掉敌人的火力点，担任通信员的黄继光在部队发动冲锋时，挺身而出，用自己的身体堵住了敌人的机枪眼，为大部队的胜利开辟了道路。

榜样的力量是无穷的。雷锋是我们学习的榜样，雷锋同样有自己的榜样。观看了电影《黄继光》，雷锋大为感动，立志要像黄继光一样，毫无保留地为党和人民的事业奉献出自己的一切。

6月5日

要记住：

“在工作上，要向积极性最高的同志看齐；在生活上，要向水平最低的同志看齐。”

解读

雷锋曾当过通信员、推土机手、拖拉机手，等等，在每一个平凡的岗位上，他都能干一行，爱一行，专一行，精一行，出色地完成每一项工作任务，创造出不平凡的成绩。不管从事什么样的工作，他都以一颗敬业之心，勤奋工作；不管在什么岗位，他都能忠于职守，埋头苦干。

生活上，雷锋积极发扬勤俭节约、艰苦奋斗的优良作风。他总是保持朴素节俭的生活习惯，就像他说的那样——“在生活上，要向水平最低的同志看齐”。

雷锋有多节俭？

雷锋的老领导望城县委书记张兴玉两年前送给他的一双袜子，雷锋补了又补，有三四层之多，但一直都舍不得扔掉换新的，直到雷锋牺牲时，他还存放着。

6 月 × 日

因公外出，我在沈阳车站，看见了一个老太太，在汽车旁焦急地徘徊着，像是有什么困难。我上前询问，一看证明，原来这位老太太是从山东来部队找她儿子，路费用光了。我了解清楚后，立即请她老人家吃了饭，并给她买好到她儿子驻地的车票。本月 8 日，这位老太太的儿子，给我们部队首长写来了一封感谢信。

解读

“学雷锋，做好事”，雷锋助人为乐的事迹可谓家喻户晓。雷锋走到哪里，就将好事做到哪里。只要有人遇到了困难，他总是积极伸出援手，倾力相助。在雷锋看来，为人民服务就是一种幸福，能够帮助别人就是一种快乐。

在有限的生命中，雷锋总能不计得失，积极投入到无限的为人民服务的事业当中去。一件件看似不起眼的小事，让人的生命价值得到最大程度的体现。

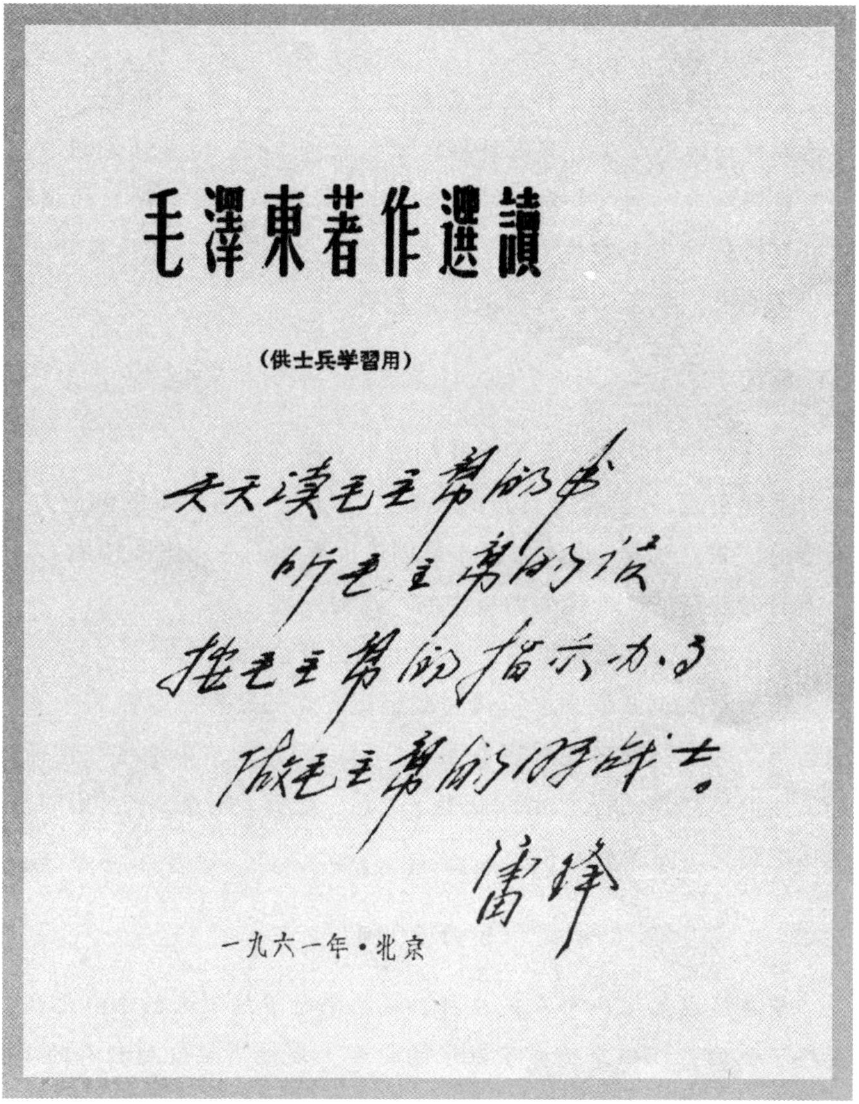
毛澤東著作選讀

（供士兵学習用）

天天读毛主席的书
听毛主席的话
按毛主席的指示办事
做毛主席的好战士。
雷锋

一九六一年·北京

6月×日

单丝不成线，独木不成林。一个人是办不了大事的，群众的事一定要发动群众、依靠群众自己来办……我一定虚心向群众学习，永远做群众的小学生。只有这样，才能做好工作，才能不断进步。

我深切地感到：当你和群众交上了知心朋友，受到群众的拥护，这样会给你带来无穷的力量，再大的困难也能克服，无论在什么艰苦的环境中，都会使你感到温暖和幸福。

解读

雷锋灿烂、幸福的笑容给我们留下了深刻的印象。

毛泽东说，“群众是真正的英雄”“人民群众有无限的创造力”。朱德说，“群众力量、集体力量才是创造世界和创造历史的伟大力量，个人的力量只是这个伟大力量中的‘沧海一粟’。”

雷锋说自己永远做群众的小学生，当群众的知心朋友。

作为党的忠诚战士，雷锋时刻牢记着党的宗旨，自觉将个人的命运与党和人民的事业紧密联系在一起。因此，“小学生”雷锋得到了拥护，“知心朋友”雷锋获得了力量，克服了困难。更可贵的是，他从中感到了温暖和幸福。

8月20日

望花区成立了一个人民公社，我把平时节约下来的100元钱，支援了他们；辽阳市遭受了洪水的灾害，我把省吃俭用积存的100元钱寄给了辽阳灾区人民。有些人说我是“傻子”，是不对的。我要做一个有利于人民、有利于国家的人。如果说这是“傻子”，那我是甘心愿意做这样的“傻子”的。革命需要这样的“傻子”，建设也需要这样的“傻子”。我就是长着一个心眼儿，我一心向着党，向着社会主义，向着共产主义。

解读

100元钱在当时并不是一个小数目。“一方有难，八方支援。”雷锋用自己平时节省下来的钱资助灾区群众。雷锋把为人民服务作为自己最大的幸福，忠实地践行“一心向着党，向着社会主义，向着共产主义”的诺言，全心全意地为人民服务。

仁者爱人。雷锋有理想，有信心，有爱心，他是一个能博施济众的仁人。

10月21日

今天吃过早饭，连首长给了我们一个任务，上山割草拉回来盖菜窖……到了12点，排副吹起了集合的哨子，大家拿着自己从连里带来的一盒饭，到达了集合地点，排副说：你们吃中饭吧。

我发现×××同志坐在一旁看着大家吃饭。我走到他跟前，问他为啥不吃饭。他回答说：我今天早上吃了两盒饭，没有带饭来。于是我拿出了自己带的一盒饭给他吃。我虽然饿一点，让他吃得饱饱的，这是我最大的快乐。我要牢牢记住这段名言：

“对待同志要像春天般的温暖，
对待工作要像夏天一样的火热，
对待个人主义要像秋风扫落叶一样，
对待敌人要像严冬一样残酷无情。”

解读

雷锋宁愿自己挨饿，也要让身边的人吃饱。像这种助人为乐的事，雷锋做了很多，点点滴滴汇聚成感人的力量。雷锋精神就体现在这看似不起眼的点点滴滴当中，它的力量是不可估量的。

“对待同志要像春天般的温暖”，雷锋这样说了，也这样做了。

不管在工作中还是生活中，雷锋总是把方便让给别人，把辛苦留给自己，把帮助他人当作自己最大的快乐。

11 月 6 日

昨天我向于助理员请好了假，去辽阳化工厂看我原来的厂领导和工人。今天早上从沈阳乘火车到了辽阳市。因没赶上火车，我到了辽阳市武装部，见到了于政委。他像父亲一样，左手握着我的手，右手抚摸着我的头，微笑地说：“小雷锋，我昨天在日记本子里还看到了你以前给我的那张相片，我还想起了你，真想不到你今天来这里。”他带我到办公室，亲切地问我在部队的情况，我激动地向首长汇报了自己的工作和学习情况。于政委听了说：“好，应当好好干，把自己的力量献给党的事业。”8 点钟了，他送我到车站。下午 7 点钟，我乘火车到了安平，7 点半钟就到了我原来的工厂——焦化厂。我走进党总支办公室，熊书记、李书记、吴厂长看见是我回来了，真是高兴。我也非常兴奋，好像见到了自己的亲人一样。他们真是热情地招待，给我倒茶，还给我做了饺子和鱼吃，把我安置在一间很温暖的房子里睡觉；还带我到厂内参观了现代化的机器生产。我见到了许多以前和我在一起工作的同志，感到高兴万分。他们有的还介绍了生产情况。我看到新建的焦炉都出焦了，想起自己为这焦炉的建筑贡献过一滴汗水，从心眼儿里感到十分骄傲和自豪。

解读

雷锋是一个有情有义的人。你看他的照片，总是乐呵呵的，打心底深处洋溢的快乐和幸福就挂在脸上，没有什么掩饰和隐藏。

1959 年 8 月，雷锋报名到条件艰苦的鞍钢弓长岭矿山参加新建焦化厂的工作。工作期间曾多次被评为“先进生产者”“红旗手”和“标兵”，并荣获“青年社会主义建设积极分子”的称号。1960 年 1 月，雷锋因为参军离开了鞍钢焦化厂，而如今他再次回到这里，见到了以前一起工作的同事，参观了工厂里的新设备，看到新建的焦炉能够生产了，雷锋感到非常高兴。这是雷锋的真情实感。

11 月 8 日

1960 年 11 月 8 日，是我永远不能忘记的日子。今天，我光荣地加入了伟大的中国共产党，实现了自己最崇高的理想。

我激动的心啊！一时一刻都没有平静。伟大的党啊！英明的毛主席，有了您，才有了我的新生命。我在九死一生的火坑中挣扎和盼望光明的时刻，是您把我拯救出来，给我吃的，穿的，还送我上学念书。我念完了高小，戴上了红领巾，加入了光荣的共青团，参加到了祖国的工业建设，又走上了保卫祖国的战斗岗位。在您的不断培养和教育下，我从一个孤苦伶仃的穷孩子，成长为一个有一定知识和觉悟的共产党员。

伟大的党啊，您是我慈祥的母亲，我所有的一切都是属于您的，我要永远听您的话，在您的身下尽忠效力，永做您忠实的儿子。

今天我入了党，使我变得更加坚强，思想和眼界变得更加开朗和远大。我是一个共产党员，人民的勤务员，为了全人类的自由、解放、幸福，哪怕高山、大海、巨川，为了党和人民的事业，就是入火海进刀山，我甘心情愿，头断骨粉，身红心赤，永远不变。

解读

这一天，雷锋从一个无依无靠的孤儿成长为一名中国共产党党员，他在日记中表达了对伟大领袖毛泽东的景仰之情，表达了对党的崇敬和热爱之情。

作为一名新入伍的解放军战士，雷锋能够顺利入党，着实值得庆贺。1960 年 7 月，雷锋所在的运输连支部上报的 7 名发展对象中，只有雷锋是当年入伍的新兵战士。在全团100多名发展对象中，同样只有雷锋一个人是新兵。由此可见，在平凡岗位上的雷锋确有不平凡之处，做出了不平凡的工作成绩。

在雷锋眼里，是党将他从苦难中拯救出来，是党给了他上学的机会，是党的培育让他成为一名党员。党给了雷锋全新的生命，使他脱胎换骨，面貌一新。

入了党，雷锋立下誓言，要履行党员的职责，报答党的恩情，永远忠诚于党。

11月14日

今天早上，我和于助理员到达了安东××××部队，首长们对我亲切的关怀和照顾，我真感到革命大家庭的温暖和幸福。

上午9点40分，首长要我给干部训练队作一次汇报。当我讲到旧社会的苦，痛苦的眼泪直掉。在座的首长和到会的同志们都十分同情我，有半数以上的人掉下了眼泪。会后他们进行了讨论，人人表示决心，一定要紧握手中武器，将革命进行到底，彻底粉碎帝国主义，解放全世界的劳苦人民。

晚上7点钟，放了一场电影，影片中的主角聂耳给我的印象最深。他是一个坚强的无产阶级的革命战士，是党的好儿女。他那种勇敢、坚强、机智、虚心、敢于斗争的精神，是值得我永远学习的。

解读

旧社会的种种折磨和苦难让雷锋难以忘记，雷锋把这些磨难转化为为党和人民工作的力量，把对旧社会的仇恨转化为对新社会的热爱。

酸楚的眼泪代表着过去，雷锋并没有沉浸其中，裹足不前；新社会，新的未来，正在招手，革命事业正在继续。雷锋擦干眼泪，开始一心一意为新社会的美好未来而努力奋斗。

电影，多次出现在雷锋的日记中，它感染着雷锋，给雷锋以力量。看，那些坚强勇敢、不怕困难的革命战士正指引着前进的道路。雷锋感受着他们的革命精神，立下向他们学习的志愿。我们在领会雷锋精神，向雷锋学习时，何不也立下自己的志愿？

11月15日

我们决不能好了疮疤忘了疼。

在今天演出的评剧《血泪仇》里，看到了王东才、小贵芳，他们遭到阶级敌人的迫害，甚至被强奸、逼死的惨景，不禁勾起我无限辛酸的回忆。我出生在一个很贫穷的农民家庭，我父亲专靠给地主扛活来维持一家半饱的生活，终年辛勤地劳动。到了新年初一，全家五口人有米不到半升，哥哥只好领着我出去“送财神”，讨点饭回来吃。

……那时我虽然年纪小，对那些要命的野兽般的帝国主义和黑暗的社会是多么入骨地痛恨！那时我真想要是有亲人搭救我，我一定要拿起枪，粉碎那些狗豺狼，为爹妈报仇。

自从来了人民的大救星、伟大的中国共产党，党把我从火坑中拯救出来……今天，在社会主义社会里，在革命的大家庭里，生活在伟大的毛泽东时代是多么幸福啊！对我来说，是特别深切感受到的。我们决不能好了疮疤忘了疼，应该“饮水思源”。想想过去，看看现在，我们都不能不以革命的名义来对待革命事业，更高地举起毛泽东思想红旗，发扬革命先烈艰苦奋斗的精神和优良的传统，全心全意地投入社会主义建设事业，做出更多更好的成绩。

解读

追忆过去，思考现在，展望未来。

《血泪仇》的作者是戏曲作家马健翎（1907—1965 年），讲述的是农民王厚仁一家受尽国民党反动派的剥削和迫害，家破人亡，最后来到“陕甘宁边区”，获得了新生。评剧《血泪仇》让雷锋回忆过去，感受现在，感慨万千，思绪万千。在日记中他再次表明自己要为党、为社会主义服务的决心。

雷锋生活的那个年代随着时间的流逝会越来越遥远，但他在日记中留给人们的印象却越来越清晰，越来越深刻，因为雷锋日记中的文字表述是用心写成的，真诚、真挚，与大爱同行。

11 月 × 日

今天我们处在一个翻天覆地、千变万化的时代，一个英雄辈出、百花盛开的时代，一个 6 亿人民精神振奋，斗志昂扬，意气风发的时代。在这样的时代里，我们应当鼓足更大的革命干劲儿，激发更大的革命热情，站得高些，更高些；看得远些，更远些！

解读

雷锋在日记中表达出自己对革命事业的满腔热情。

雷锋是一个愿意主动去拥抱时代的大英雄。他用他的心感受着时代的变化，追逐着时代的步伐，不愿意落在后面，被时代抛弃。

时代不同了，今天的我们更应该与时俱进，有雷锋那样的气概和魄力。正所谓：欲穷千里目，更上一层楼。和平年代，信息时代，我们不能沉溺在安逸的梦乡里，而要居安思危，把眼光放得更长远些，立足点更高些。这样才能看得更远，走得更远。

11 月 21 日

今天是我永远不能忘记的日子。下午 1 点半，我在沈阳工程兵部见到了上级首长。首长们像慈父般地关怀和热爱我，在这最幸福的时刻，我高兴得连话也说不出来，只是流出了激动的热泪。政委对我说:“受了阶级的压迫，受了民族的压迫，你没有忘本，很好啊！在旧社会受阶级压迫，剥削……穷人没出路，你听了毛主席的话，做了很多工作，做得很对。今天我们革命，不能忘本，忘本就很糟糕。以前做得很好，今后要继续这样做。要读毛主席的书，听毛主席的话，忠实于党，忠实于人民，忠实于毛主席。做出成绩，什么时候都是应该的，我们当革命者不能满足。要更加虚心，对领导要尊敬，对同志要团结，要努力做毛泽东时代的好战士，要做一个好的共产党员。”首长的教导，我深深地印在脑海里。我一定要好好学习和工作，永远听党的话，听毛主席的话，跟党走，做毛主席的好战士。

解读

在旧社会，雷锋受尽了欺辱，他没有忘记这些。在伟大的党和毛泽东的领导下，他得到了温暖，有了长足的进步，这些他都铭记在心。雷锋用自己的实际行动表达对党和毛泽东的感恩之情。

满招损，谦受益。雷锋拥有无与伦比的道德操守，纯真、真诚。一次谈话，一次教导，即便是不经意的，也能让雷锋视为反省的契机，时时刻刻追求进步。今天的我们不能停下向前的脚步，不能轻易丢掉锐意进取的机会。唯其如此，我们才能成为一个真正对社会有价值的人。

11 月 × 日

一、学习毛主席的立场、观点、方法。

二、学习毛主席著作要分析当时历史背景。

（一）分析每篇文章对当时革命运动起了什么作用。

（二）主席为什么分析这个问题。

（三）主席在文章中提出几个什么观点。

(四)主席的方法论是什么。

(五)联系个人写心得体会。

解读

雷锋是勤奋的，雷锋是踏实的，务实的。

艰苦的条件，激发出雷锋强烈的求知欲望。最初，在望城县机关开办的干部业余文化补习学校中，雷锋插入到初中班学习，往往是白天工作，晚上读书学习。如果遇到跟随领导下乡的情况，就提前学，事后补，最终完成了初中学业。

求学之路很艰苦，但畅游在知识的海洋里，雷锋是快乐的，幸福的。雷锋喜欢读书、写作。当他阅读模范人物的事迹时，总是心潮澎湃，立志向他们学习。雷锋尤其喜欢研读毛泽东的著作。读完相关的篇章，雷锋常常会写下读书笔记和心得体会。

今天，我们应该学习雷锋勤奋、踏实和好学的精神，努力充实自己，给自己储备更多精神食粮。不然，我们很可能会被淘汰出局，成为一个时代的落伍者。

11月27日

在今天的授奖大会上，工程兵党委授予我"模范共青团员"的光荣称号……我真感到十分惭愧。我为党做的工作太少了，仅仅尽了一点点本身应尽的义务，党和人民却给了我这么大的荣誉。我是慈祥的母亲——中国共产党把我哺育大的，要是没有党和毛主席，就没有我的一切。今天我所取得的这一点点成绩，应归功于不断培养、教育我成长的党和毛主席，应归功于热情帮助我进步的同志们。

解读

在工作中，雷锋尽职尽责，一丝不苟，取得了优异的成绩，但他却把这些荣誉归于党和人民。在他看来，自己做得还远远不够，他愿意把自己的一切奉献给党和人民，从不想回报和索取。

在雷锋的眼里，奉献是最幸福的。

从雷锋身上可以看到无私奉献和谦虚上进的美德。在学习中，在工作中，在我们取得一定成绩时，是不是应该像雷锋一样，乐于奉献，锐意进取呢？

11 月 × 日

今天，我生长在幸福的毛泽东时代，处处感到温暖，祖国到处都有我慈祥的母亲——伟大的中国共产党对我无微不至的关怀和教育。我这一点点贡献比起党对我的要求和期望还做得很不够。我决心听党的话，好好学习，忘我地工作，积极参加劳动，奋发图强，勤俭建设社会主义。

熟练手中武器，学好军事技术，时刻准备着，当党需要我，我一定挺身而出，不怕牺牲和一切困难，永远忠于党，忠于人民。继承长辈优良的革命传统，为保卫社会主义建设，为保卫世界和平，我要把自己可爱的青春献给祖国最壮丽的事业，做一个真正的共产主义革命战士……

解读

学习的时候，雷锋认认真真；工作的时候，雷锋兢兢业业；参军的时候，雷锋勤勤恳恳，踏踏实实。

雷锋时时刻刻都在珍惜已拥有的一切，无论他扮演哪种角色——学生、工人或军人，都加倍地努力来回报党和人民，做到了忘掉“小我”。

新中国成立后，雷锋有了上学、工作和参军的机会，面对每一次来之不易的机会，他都能紧紧抓住，并竭尽全力做好自己应

该做的每一件事。宝贵的雷锋精神，就是由一件件平凡的小事汇聚而成的。

12月8日

一个革命者，当他一进入革命的行列的时候，首先要确定坚定不移的革命人生观。树立这样的人生观，就必须注意培养自己的思想道德品质，处处为党的利益、为人民的利益着想，具有大公无私、舍己为人的风格，能够为党的利益、为集体的利益不惜牺牲自己的利益，否则就是个人主义者……

解读

在革命年代，人们矢志不渝地坚定自己的革命信念，并时时注意提高自己的道德修养，多为他人着想，少为自己谋利，不能因为个人的利益而牺牲集体和国家的整体利益。

今天的孩子大多是独生子女，在家里被视为掌上明珠，有些孩子难免养成自私自利的习惯。其实，社会是一个大家庭，在这个大家庭中人与人相处不能处处以“自我”为中心；每个人都站在对方的角度去考虑问题，多为他人着想，才能真正做到大公无私，个人与集体或社会才能实现真正的和谐。

12月×日

……

我深切地认识到，要想成长进步，要为党做更多的工作，就必须认真读毛主席的书，听毛主席的话，照毛主席指示办事，才能做毛主席的好战士。我一定要抓紧点滴时间进行学习，做到书不离身，有空就掏出来看一段，在明年读完《毛泽东选集》第四卷中的《抗日战争胜利后的时局和我们的方针》《关于重庆谈判》《关于目前国际形势的几点估计》《目前形势和我们的任务》《将革命进行到底》《论人民民主专政》《丢掉幻想，准备战争》等重要文章，重读《毛泽东选集》一、二、三卷中的重要文章，坚决做到边学、边想、边改、边运用。

我从开始学习毛主席著作那天起，就牢记住这样几句话：理论学习如果脱离实际，即使学得烂熟，但是表里不一，言行不一，仍然不能很好地改造思想，所以理论学习应该联系实际，改造思想。我决心要把毛主席的思想学到手，定要使毛主席的光辉思想在我的脑海里扎根，在我的一切实际行动中开花结果。与此同时，我要牢记毛主席的教导："虚心使人进步，骄傲使人落后。"我们最敬爱的领袖毛主席就是我们永远学习的光辉榜样。他老人家是多么的谦虚啊！愿做群众的小学生。我呢？只是沧海一粟，更应该虚心向群众学习。我一定要紧紧依靠党，依靠群众，永远做群众的小学生，永远听党的话，忠于党的事业，做毛主席的好战士。

解读

"知识就是力量"。雷锋不但爱学习，而且善于学习。他如饥似渴地读书，分分秒秒的时间都不放过。雷锋从毛泽东的著作中领会到伟大的思想，而且活学活用，把这些从书本中学到的理论知识应用到实际生活当中。

实践是检验真理的唯一标准。我们在读书时可以借鉴雷锋的方法，不只是看看而已，还要勤奋思考，学以致用，把书本知识和我们身边的生活联系到一起，多问问为什么，多想想怎么办，在这样一个过程中我们才能真正长大成才。

12 月 27 日

"……不怕饥饿，不怕寒冷，不怕危险，不怕困难。屈辱、痛苦，一切难以忍受的生活，我都能忍受下去！这些都不能丝毫动摇我的决心，相反的，是更加磨炼我的意志！我能舍弃一切，但是不能舍弃党，舍弃阶级，舍弃革命事业。”

永垂不朽的革命烈士——方志敏同志是我永远学习的榜样。我出生在一个很贫穷的农民家庭，在旧社会受尽了折磨和痛苦，在慈祥的母亲——中国共产党的不断哺育和教导下，现在成为一个国防军战士、光荣的共产党员，我要时刻准备着为党和阶级的最高利益，牺牲个人的一切，直至生命。

解读

面对困难的时候，雷锋没有退缩，而是迎难而上。那些不堪回首的过去没有让雷锋放弃为革命事业奋斗的理想，而是更加坚定了他的信念。

当我们有了自己的远大理想时，要做好付出努力的准备。在实现自己理想的过程中，遇到困难时，我们应该像雷锋一样毫不退缩，勇往直前。

困难像弹簧，你弱它就强。为了实现自己的理想，一定要战胜内心的恐惧，克服那些看似不可战胜的困难，跨过看似不可逾越的障碍，慢慢地，你会变得更加坚强，更加强大。

12 月 28 日

毛主席说：“没有满腔的热忱，没有眼睛向下的决心，没有求知的渴望，没有放下臭架子、甘当小学生的精神，是一定不能做，也一定做不好的。”

我在党和毛主席的不断哺育和教导下，健康地成长起来。由于政治觉悟的不断提高，树立了为共产主义而奋斗的大志，在工作和学习中取得了一点点成绩，这应该归功于党，归功于帮助我的同志们。我一定永远牢记毛主席的教导，永远做群众的小学生。

解读

毛泽东曾说过："一切依靠群众……就应该虚心向人民群众学习，应该善于从群众的议论中发现问题，提出解决问题的方针和政策；开展工作要善于发动群众、组织群众。"

作为党的好儿女，雷锋自觉地践行着一名共产党员的神圣职责，自觉地将个人与党和人民的事业融为一体，全心全意为人民服务。即使是在工作和学习上取得了一些成绩，他也不骄傲自满，而是把荣誉归于党和帮助他的人。

× 月 × 日

学习《整顿党的作风》。

对于马克思主义的理论，要能够精通它、应用它，精通的目的全在于应用。

坚决听毛主席的话，努力学习马克思主义的理论，并做到理论联系实际，改造思想，做好各种工作。

解读

1942年2月1日，毛泽东在中央党校做《整顿党的作风》的报告。报告分析了党在历史上曾经出现的错误思想、给革命事业造成巨大损失的原因。犯错误的根本原因在于，当时的领导者没有将马克思主义理论同中国革命的具体实际相结合。

学习知识的目的在于运用。学习马克思主义理论不能仅仅将它当作死的教条去死记硬背，而是要将它运用到实践中去。要学会"理论联系实际"，要学会应用马克思主义的立场、观点和方法，对具体问题做具体分析。作为毛泽东的好战士，雷锋坚决听从毛泽东的教导，下定决心改造自己的思想，做好各种工作。

第四章

前进的道路上

1961 年

1 月 1 日

1960 年已过去了，新的 1961 年在今天已开始。今天我感到特别的高兴。入伍一年来，我在党和首长的培养教导下，由于同志们的帮助，使我学会了很多军事技术知识。刚入伍时什么也不懂，手拿着枪还心惊肉跳直怕走火。由于连、排首长把着我手教，因此我才学会了射击，投弹也是同样地取得了优秀的成绩。汽车理论和实际驾驶学习，每次测验也都是 5 分。从政治上也有很大的提高，特别是学习毛主席著作后，心里变得明亮了，思想和眼界变得更加开朗和远大了，干劲儿越来越足。由于政治觉悟的不断提高，因此才能在工作和学习中做出一点点成绩，并于 1960 年 11 月 8 日加入了伟大的中国共产党。我从一个流浪孤儿，成长为一个共产党员，这完全是党的培养教育、同志们帮助的结果……我要永远忠于党，保卫党的利益，为党的事业奋斗终生。

解读

1961年元旦，雷锋回顾过去而写下这样的总结。

过去的1960年，对于雷锋而言，是丰收的一年，喜悦的一年。雷锋如愿以偿地参了军，穿上了梦寐以求的军装。

这一年里，在首长和战友们的帮助和关怀下，雷锋取得了骄人的成绩。如日记中提到的“学会了射击，投弹也是同样地取得了优秀的成绩”“汽车理论和实际驾驶学习，每次测验也都是5分”“1960年11月8日加入了伟大的中国共产党”等。雷锋能取得这些辉煌的成绩，归根结底，是他一心一意追求进步的结果。

雷锋用自己“干一行，爱一行，专一行，精一行”的态度，实现了一个又一个人生目标。

1月18日

在我们前进的道路上，不可能不遇到一些暂时的困难，这些困难的实质，“纸老虎”而已。

问题是我们见虎而逃呢，还是“遇虎而打”？

“哪儿有困难就到哪儿去”——不但“遇虎而打”，而且进一步“找虎而打”，这是崇高的共产主义风格。

解读

生活中，我们常常会遇到很多困难。这些困难大多是我们无法预料的，所以，当我们面对困难时，每个人的反应都会有所不同。有的人勇敢地面对，不断地克服，困难就会迎刃而解；有的人从心底里惧怕它，那么困难就会赖着不走。

解决困难的关键在于心态。在雷锋看来，困难是不可避免的，可它的实质只是“纸老虎”而已。

“纸老虎”，比喻貌似强大、实则虚弱的人或集团。毛泽东在延安杨安岭，与美国记者安娜·路易斯·斯特朗谈话时最先使用了这一词，发表了“一切反动派都是纸老虎”的著名论断。

雷锋是如何对待困难的呢？——“哪儿有困难就到哪儿去”。雷锋将困难比作“纸老虎”，体现了他乐观、进取的心态。所以，他不仅“遇虎而打”，还能“找虎而打”。

前方的路不可能都是坦途，唯有敢于直面挑战，敢于翻山越岭克服困难，才能走得更远，创造出辉煌的业绩。

2月2日

今天我从营口乘火车到兄弟部队做报告，下车时，大北风刺骨地刮，地上盖着一层雪，显得很冷。我见到一位老太太没戴手套，两手捂着嘴，口里吹一点热气温手。我立即取下了自己的手套，送给了那位老太太。她老人家望着我，满眼含着热泪，半天说不出话来……一路上，我的手虽冻得像针扎一样，心中却有一种说不出的愉快。

解读

孟子说：“仁者爱人，有礼者敬人。爱人者，人恒爱之；敬人者，人恒敬之。”

雷锋是一个热心肠的小伙子。他有一颗善良博爱的心，只要遇到需要帮助的人，雷锋都会伸出援手，带给别人春天般的温暖。在雷锋看来，这种举手之劳的帮助是理所当然的，而带给他人的却是暖暖的关爱和感动。

刺骨的寒风中，雷锋将唯一的一双手套送给了一位素不相识的老人，自己的双手却在严寒中冻着，如针扎一般。仅仅是这样一件小事就让他的心里充满了“一种说不出的愉快”。

雷锋乐于助人，以帮助他人为幸福。他不求别人的感谢，也不求别人的回报，只是将方便让给别人。

雷锋的内心似潺潺的清泉，清澈透亮，滋润受到帮助的人的心田。难怪人们都说，雷锋出差一千里，好事做了一火车。

2月3日

今天我到达海城××××部队后，上午作了一场报告，下午我和郅顺义老英雄见了面。……老英雄抚摸着我的头，紧紧地握着我的手，亲切地问我多大年纪，什么时候入伍的，同时还给我倒一杯茶。当时，我的心像抱着一只小兔子一样，怦怦直跳，有一肚子话可不知咋样说好。我听说老英雄是董存瑞的亲密战友，我的心像压不住似的要往外蹦，万分敬佩和羡慕地叫他给我讲董存瑞的英雄事迹。我听他说："董存瑞是六班的班长，我是七班的班长。在1948年5月25日打隆化县的时候，董存瑞在爆破组，我在突击组，我们的任务是要去炸掉敌人的四个碉堡和五个地堡。我们两个组牺牲了六个人，每组只剩下两个人了，董存瑞对我说：'就是剩一个人也要坚持战斗，不完成任务不回队！'在炸最后一个碉堡的时候，董存瑞用手举着炸药包，炸掉了敌人的碉堡，完成了战斗任务，我敬爱的革命战友董存瑞就这样英勇地为党的事业而光荣地牺牲了。"我听到老英雄讲完董存瑞的英雄事迹后，我的心像大海的浪涛一样，久久不能平静，我感动得满眼热泪直掉。

董存瑞英雄对敌人万分地愤恨，对党和人民无限地忠诚，在战争当中，英勇顽强，丝毫不畏缩，为人民的解放牺牲自己。董存瑞英雄是我永远学习的好榜样，我一定要为党和阶级的崇高事业，随时准备牺牲自己的一切，直至生命。

郅顺义老英雄是我永远学习的榜样，他在战斗当中，勇敢坚定，机动灵活。他俘虏敌人140多人，缴获机枪40多挺。他勇敢地消灭了敌人，保存了自己。

董存瑞和郅顺义两位英雄的事迹，深深地教育了我，给了我莫大的鼓舞和无穷的力量，我一定要时刻用这些英雄的事迹来鞭策自己，永远忠于党，忠于人民。

解读

榜样，是一个人不断严格要求自己的行动标准；榜样，是一个人不断追求进步的力量源泉。每个人的心中都有一个榜样，雷锋也不例外。雷锋的榜样是为党和人民光荣牺牲的革命英雄。在成为解放军战士的第一天，雷锋就在自己日记本的扉页上，贴上了黄继光的头像，并写下“我永远向您学习，英雄的战士黄继光”，以此勉励自己。

郅顺义，1918 年出生，1947 年参加中国人民解放军，1948 年加入中国共产党。在解放战争中历任班长、排长等职务，屡建功勋。1950 年出席全国英模代表会议，被授予“全国特等战斗英雄”荣誉称号。

雷锋见到老英雄郅顺义，听他讲完董存瑞的故事后，被感动得泪流满面。董存瑞对党和人民无限忠诚的精神品格，给了雷锋莫大的鼓舞和无穷的力量。雷锋时刻用英雄的事迹来鞭策自己，永远忠于党，忠于人民。

雷锋坚定爱党爱国的信念，处处为国家的利益着想，成为党的一名忠诚战士。每个人都应该像雷锋一样，树立一个学习的榜样。这个榜样可以是自己身边的同学，可以是讲台上的老师，也可以是周围的好朋友。以圣贤为师，与先烈为友，从身边的人学起，让榜样的力量引领你迈向成功！

2 月 16 日

今天我没去看剧，在家学习毛主席著作。毛主席教导我们说：“关心党和群众比关心个人为重，关心他人比关心自己为重。”毛主席的这些话，深深地教育了我，使我的心豁然的明亮了。我领到连部发给我的一斤苹果，怎么也舍不得吃，用自己心爱的手绢包了起来，放进了挂包里，心想来了客人给他们吃。今天，想起了在病院里的伤病员同志，他们在新年佳节的时候，是多么需要人去安慰啊！我是人民的子弟兵，应该去好好慰问那些伤病员同志。把自己领到的一点点吃的东西送给伤病员吃，不是更有意义吗？下午3点钟，我拿着一斤苹果，连同自己写好的一封慰问信送给了抚顺市望花区职工西部医院。

解读

俗话说得好，礼轻情意重。

休息日，雷锋没和其他战友们一同去看电剧，而是在宿舍学习。当他读到毛泽东“关心党和群众比关心个人为重，关心他人比关心自己为重”这句话时，立即想到住在望花区职工西部医院的伤病员。正赶上新春佳节之际，雷锋想去探望这些伤病员，随即提上连部发放的一斤苹果。这一斤苹果，雷锋一直没舍得吃。他觉得，那些伤病员比他更需要这些苹果。

一斤苹果虽然算不上什么贵重的礼物，却代表着雷锋一份真诚关爱他人的心意。这份心意的价值远远超过了苹果本身的价值。雷锋带去的不仅仅是一份礼物，也是一种亲人般的关怀，更是一种心灵上的慰藉。

2月17日

今天是春节假期的第四天，吃早饭的时候，连值班员说：“上午9点集合到和平俱乐部看电影。”有一个同志问了一句：“是什么片子？”他说：“是《昆仑铁骑》。”大家都说：“好极了，可不要错过这个机会。”我一边吃饭，一边想：春节五天假期过完了，

19号就要开始冬训。为了响应党的号召，支援农业第一线，争取今年农业大丰收，我还是去多积点肥，支援人民公社。这样做有两个好处。第一，以实际行动支援农业，对社员们是一个鼓舞，同时也更密切了军民关系。第二，替居民搞了卫生。因小孩在屋前屋后拉了很多大粪，看起来脏得很，我去把大粪捡起来，给居民把地扫干净，这真是一件一举两得的好事，既搞了卫生又积了肥。说干就干，我推着手推车，拿着铁锹和粪筐，走到了望花区北后屯，看见了工人住宅的屋前屋后有很多一小堆一小堆的粪便，我便立刻捡了起来。一位老大爷从宿舍里出来，很惊奇地问我："军人同志，你们过节还不休息吗？"我回答说："响应党的号召，捡点大粪，支援农业，争取今年大丰收嘛。"那位老大爷点点头，笑着说："好啊好啊，你想得真周到，过年也不歇着，捡大粪送给公社，这得好好地表扬啦，这种精神也值得大伙儿学习呀。"我对老大爷说："支援人民公社，这是我应尽的义务。"那位老大爷很热情地叫我到他家里去休息一会儿，我谢了谢他老人家的好意，推着车子走了。到了下午两点钟，我捡了满满一车粪，送给了望花区工农人民公社。人民公社的负责同志们都很受感动……

解读

电影《昆仑铁骑》讲述的是1950年大西北解放时期，解放军战士奋勇杀敌，在昆仑山剿灭国民党反动派的故事。这部影片当时算得上是热门影片。

对身为解放军战士的雷锋来说，这部影片具有相当大的吸引力。可是，他没有和战友们一块儿去观看，而是推着小车，带着铁锹和粪筐，直奔望花区北后屯。是的，他要去捡大粪，支援"人民公社"农业建设。

捡大粪，不管在过去还是在今天来说，都是一个又脏又累的活儿。这样的脏活儿累活儿，别人躲还来不及，更谈不上去干了。可雷锋却主动地干了起来。他觉得，捡大粪是一件一举两得的好事，“既搞了卫生又积了肥”。

在雷锋看来，“支援人民公社”是他应尽的义务。后来，人们给他取了个外号——“大粪夫”。他非但没有生气，反而以此为荣。雷锋说，要做就做像时传祥那样的“大粪夫”。

今天或许不用再去捡大粪，可生活中的脏活儿累活儿还是存在的，还是需要有人去干的。这个时候，我们要学习雷锋不怕脏、不怕累的精神，为他人多付出一些，为集体增光添彩。

2 月 20 日

……廖初江战友也来了，我见到他，真感到格外的高兴。我紧紧地握住他的手不放，一同走出车站，乘小吉普车来到他们师部招待所。首长对我无微不至的关怀和爱护，我真不知说什么好，只被感动得满眼含着热泪。

我和廖初江战友挨着坐在一条凳子上，他的手很自然地搭在了我的肩上。他和我亲切地谈起了家常话，他给我签了字，同时，张助理员还给我们拍了一张照片。

解读

廖初江，湖南省隆回县人，1956 年参加中国人民解放军，成为沈阳军区某部的一名解放军战士。廖初江依靠字典的帮助，逐字逐句认真学习毛泽东的著作，被授予“学习毛主席著作尖兵”的称号。

同在沈阳军区的雷锋，也喜欢阅读毛泽东的著作。机缘巧合之下，雷锋见到了廖初江。日记中，雷锋写道：“我和廖初江战友挨着坐在一条凳子上，他的手很自然地搭在了我的肩上。他和我亲切地谈起了家常话，他给我签了字。”字里行间流露出雷锋与廖初江之间那份亲密的战友情。

雷锋和廖初江两人一见如故。其中的缘由，恐怕不仅仅是爱好相同，更重要的是，他们都在刻苦学习毛泽东著作中的理论思想，并以实际行动践行这些思想。他们时刻以全心全意为人民服务为宗旨，走到哪里，就把好事做到哪里。

2月21日

……以实际问题为中心，到毛主席著作中找答案，按主席指示办事，学习公式：问题——学习，实践——总结。

一、学习主席著作与改造自己思想相结合，树立全心全意为人民服务的思想和辩证唯物主义世界观。

二、学习主席著作与改进自己的工作相结合。

三、学习主席著作与搞好训练和提高技术相结合，指导自己学习技术。

四、国内外形势和党的方针任务、政策相结合。

解读

这是一篇学习心得。

雷锋十分喜欢研读毛泽东的著作。平时，他把自己的休息时间利用起来，潜心研究毛泽东思想。看得起劲儿的时候，还要挑灯夜读。在读过的书中，雷锋几乎每本都写下自己的读后感。有时候还要对书中的内容圈圈点点，重点领会。

当然，雷锋不是一个“死读书”的人。更多的时候，他会将书中学到的知识与实践结合起来运用，得出了不少独到的见解。如他在日记中写道的，“学习公式：问题——学习，实践——总结”。

读书学习，善于省思、总结是一件大好事。雷锋不仅善于总结，还能积极拓展，如“学习主席著作与改造自己思想相结合”“学习主席著作与改进自己的工作相结合”“学习主席著作与搞好训练和提高技术相结合”“国内外形势和党的方针任务、政策相结合”等。

我们要像雷锋那样，一步一个脚印，踏踏实实地总结。只有经常总结，才能明白得和失，才能不断开拓，才能更快地提高学习成绩，更快地进步。

3月×日

凡是脑子里只有人民、没有自己的人，就一定能得到崇高的荣誉和威信。反之，如果脑子里只有个人、没有人民的人，他们迟早会被人民唾弃。

解读

“我是人民的子弟兵，这是我应该做的。”这是雷锋最常说的一句话。

雷锋的心里装着人民，常常为人民办好事、办实事，真正把“全心全意为人民服务”看成自己人生的最大幸福和快乐。

人的生命是有限的，但为人民服务却是无限的。雷锋将自己有限的生命投入到无限的为人民服务当中，得到了人民的尊敬和赞扬。辽宁省抚顺市人民推选雷锋为抚顺市第四届人民代表大会代表，雷锋当之无愧。

3月3日

今天我学习了毛著，主席有一段话，对我的教育最深刻，启发最大。

毛主席说：“紧紧地和中国人民站在一起，全心全意地为中国人民服务，就是这个军队的唯一的宗旨。”我是人民的子弟兵，一定要永远牢记党和毛主席的教导，无论什么时候，都要关怀爱护人民群众的利益，为人民群众的利益而战斗不息。

我们的党、政府和全国人民对革命军人的关怀和照顾，是无微不至的。作为一个革命战士的我，是多么的自豪啊！但是我不能骄傲，一定牢牢记住党和人民对我的嘱托，努力学习，积极工作，勇敢战斗，保持和发扬人民军队的优良传统。

……

解读

作为一名解放军战士，作为一个革命战士，雷锋感到无比自豪，但他从不把这当作一种骄傲的资本。

雷锋说："我是人民的子弟兵，一定要永远牢记党和毛主席的教导，无论什么时候，都要关怀爱护人民群众的利益，为人民群众的利益而战斗不息。"简简单单的话语，却道出了人民子弟兵肩上的神圣职责。战争年代，人民子弟兵为解放全国人民流血牺牲；和平年代，人民子弟兵发扬军队爱国爱民的优良传统，为国家和人民群众的安全保驾护航。

雷锋是一个积极的行动者，一个不打折的实干家，能把领会到的思想和理论落实到实处。

3 月 4 日

今天，连长发给我一支新枪，我真像得到了宝贝一样，乐得连话都说不出来。看看那锋利而发亮的刺刀，摸摸那光滑的机柄，数着崭新的子弹，简直高兴得不知如何是好，生怕把枪弄脏了。看到枪机上落了一点点灰尘，我立即从衣兜里，掏出自己心爱的手绢，把灰尘擦得一干二净。

人民给我这支枪，我一定要好好保管和爱护，向党和人民保证，决心勤学苦练，定要练出真正的硬本领，坚决保卫我们的社会主义建设，保卫我们伟大的祖国，随时准备给侵略者以致命的打击。

这支枪是我的，是革命给我的！

要想从我这里夺去，我宁愿战斗而死！

对党和人民要万分忠诚，对敌人越诡诈越好。

解读

穿上军装，扛上钢枪，是雷锋最大的心愿。

当雷锋领到属于他的新枪时，“像得到了宝贝一样，乐得连话都说不出来。”一会儿摸摸这儿，一会儿摸摸那儿，感到十分新鲜。哪怕是在上面落点灰尘，都会十分心疼，拿出心爱的手绢去擦拭干净。

每位军人都爱惜自己的钢枪，因为钢枪是保卫祖国和人民的利器。雷锋对自己枪支的爱护，就是爱党爱国的直接表现，“要想从我这里夺去，我宁愿战斗而死！”

3月16日

世界上最光荣的事——劳动。

世界上最体面的人——劳动者。

解读

世界上最光荣的事——劳动。

世界上最体面的人——劳动者。

这是两句多么精辟的话语啊！

雷锋出生在旧社会，从小就吃尽苦头，对劳动生活的体验是最直接的，也最有话语权。

为了能活下来，雷锋很小就为地主家砍柴、挑水、养猪，所以他深知劳动的艰辛。高小毕业后，雷锋的志愿是当一名新型的农民，忙碌在田间地头。后来当了工人，仍旧忙碌在生产第一线。参军后，依旧保持着艰苦朴素的生活作风，抢着脏活儿累活儿干。

雷锋觉得当一名普通的劳动者是一种光荣，比那些碌碌无为的人要体面得多。只有靠自己的双手辛勤劳动，才是最令人自豪的。

我们生活在新时代，物质条件比雷锋的那个时代要好很多，可我们不能忘了，劳动才是快乐的源泉。从身边的小事做起，行动起来，去体会劳动带来的快乐和成就感吧！

3月×日

什么是时代的美？战士那褪了色的、补了补丁的黄军装是最美的，工人那一身油渍斑斑的蓝工装是最美的，农民那一双粗壮的、满是厚茧的手是最美的。劳动人民那被烈日晒得黝黑的脸是最美的，粗犷雄壮的劳动号子是最美的声音，为社会主义建设孜孜不倦地工作的人的灵魂是最美的。这一切构成了我们时代的美。如果谁认为这并不美，那他就不懂得我们的时代。

解读

每个时代都有每个时代不同的美。

每个时代都有自己不可磨灭的印记。车尔尼雪夫斯基说：与其说美是稀少的，毋宁说大多数人缺少美感的鉴别力。

在雷锋生活的那个时代，“为社会主义建设孜孜不倦地工作的人的灵魂是最美的”——战士那褪色的军装，工人那沾满污渍的工装，农民那满是茧子的糙手，构成了质朴而又亮丽的风景。

有人认为“时髦”是美，其实，只要它表面的光彩一旦脱去，就无价值可言。可以说“时髦”只是一种表面现象。每个时代的美都有一个共性，从不曾改变，那就是——劳动。因为，只有劳动才能创造出美来。

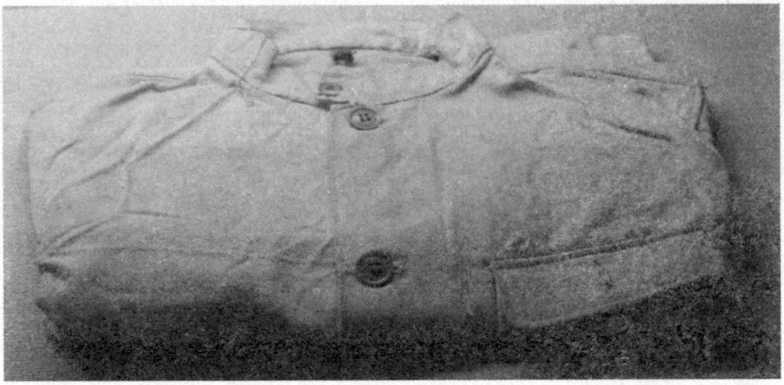

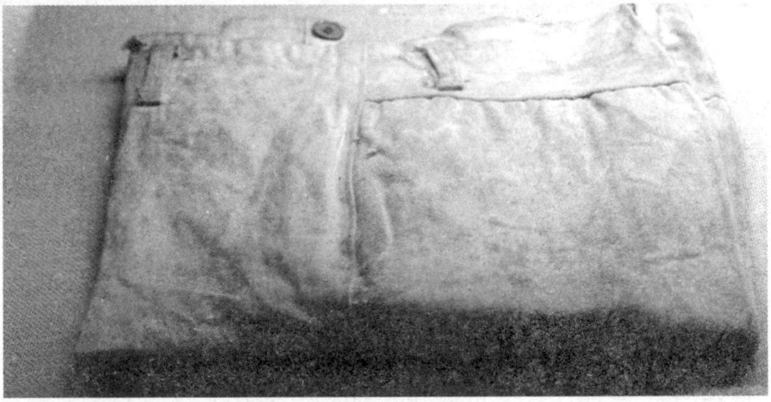

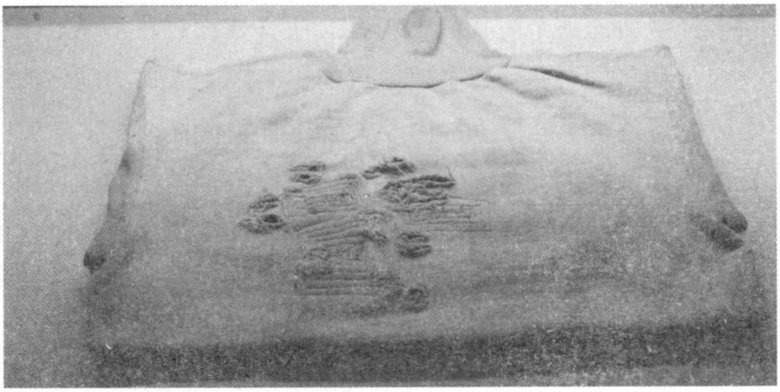

4月×日

当你在最困难、最危险、甚至威胁自己生命之时，也能严格地遵守纪律，那就是好党员。我要做一个名副其实的好党员。

解读

没有规矩，不成方圆。纪律是实现一切宏图大志的阶梯，它不只意味着束缚，还引向更高层面的自由。正如歌德所言："如果你敢于宣称自己是受限制的，你就会感到自己是自由的。"

一名优秀的共产党员应当时刻牢记党的宗旨，热爱党的事业，遵守党的纪律。雷锋说"我要做一个名副其实的好党员"，首先要做一个严于律己的好战士。在部队，雷锋处处严格要求自己，不仅遵守纪律，还带动身边的战友遵守纪律。他被战友们当成一个遵守纪律的好榜样。

作为优秀的青少年，在学校，要遵守学校纪律；在班集体，要遵守班规；在公共场所，要遵守公共场所的有关规定。

4月15日

毛主席教导我们说："任何新生事物的成长都是要经过艰难曲折的。在社会主义事业中，要想不经过艰难曲折，不付出极大努力，总是一帆风顺，容易得到成功，这种想法，只是幻想。"

共产党所以能够领导人民群众，正因为，而且仅仅因为，它是人民群众的全心全意的服务者，它反映人民群众的利益和意志，并努力帮助人民群众组织起来，为自己的利益和意志而斗争。

解读

任何新生事物的成长都要经过一个艰难曲折的过程。共产党从建立之初，就是全中国人民的中流砥柱，在发展壮大过程中，也经历了不少风雨和波折。

人的一生也是这样。有顺境，有逆境，有成功，有失败，它们交错出现在人生的大道上。站在远处或高处看，某些坎坷或许是另一番风景，所以，在前进的道路上，我们不要惧怕艰难曲折。

不一样的人生风景，才能领略不一样的人生体悟。只要执着于一个信念，终会有所收获，让人生从平庸到优秀，从优秀到卓越。

4月16日

热情，像熊熊的火焰，是一切的原动力！

有了伟大的热情，才有伟大的行动！

今天是星期日。有的同志叫我上街看电影……在这风和日丽的春天里，正是农忙的季节，公社的社员们都在紧张而又忙碌地耕地、播种。我是一个农家的孩子，现在虽然成了一名祖国的保卫者，可是我有责任支援农业，改变农村的面貌，为农业早日机械化、电气化贡献一点力量。

想到这些，我哪里有心看电影呢？拿着铁锹跑到了抚顺李石寨人民公社万众生产大队，和社员们一起翻地。他们的革命干劲儿深深地教育和鼓舞了我，他们建设新农村的革命热情是万分高涨的。我真正懂得了群众的力量能移山填海，只有群众的力量是无穷无尽的，一个人的力量总是沧海一粟。我决心永远和群众牢牢地站在一起，为人类最美好、幸福的生活而斗争。

解读

雷锋永远是热情高涨的，生如夏花之绚烂。

“有了伟大的热情，才有伟大的行动。”雷锋本人就是一团火，洋溢着伟大的热情，走到哪里，哪里的积极性就能让他给带动起来。星期日，雷锋没有和战友一起上街看电影，而是到“人民公社”帮忙翻地。时值生机勃勃的春天，正是“公社社员们”热火朝天进行农业生产的大好时机。雷锋以一个农家孩子的身份加入到农业生产大军中。“公社社员们”的干劲儿深深鼓舞了他，“决心永远和群众牢牢地站在一起，为人类最美好、幸福的生活而斗争。”

一个人的力量是有限的，只有融入到广大的人民群众当中，才能最大限度地发挥自己的光和热。

4月17日

今天连部召开了一个党、团员积极分子大会。听首长说：因近两年来我国遭到特大的自然灾害，给我们造成了一些暂时的困难。可是目前阶级敌人有所抬头，想乘机破坏我们的社会主义建设。我听了心里直发火，恨之入骨。解放前，我家里很穷，父、母、哥、弟都死在民族敌人和阶级敌人的手里。这个血海深仇，使我永远铭记在心。解放后，伟大的共产党拯救了我，党像慈父般的哺育和教育着我，从记事那天起，党和毛主席便成了我心上的太阳；对阶级敌人更加憎恨。由于不断受到党的教育，懂得了阶级斗争。像我这样的穷苦人，不斗争就没有出路……

现在我是一个共产党员，“一个共产党员，只有当他闭上了眼睛的时候，才有权利停止斗争。”我决心为党和阶级的最高利益斗争到底。

解读

“不能好了疮疤忘了疼”，这是雷锋说过的一句话。

雷锋生在旧社会，长在红旗下，经历过非人的苦日子，也尝到过幸福的新生活。当雷锋听说，因为我们国家遭到特大自然灾害，导致“阶级敌人”有所抬头的时候，心中那团怒火便升腾起来。他的亲人都死在“民族敌人”和“阶级敌人”的蹂躏之下，他的身上背负着血海深仇。即便已经过上美好的生活，但他从来不曾忘过“本”。雷锋的一生是激情战斗的一生。

4月23日

今天早上接到上级首长的指示，要我到旅顺海军部队汇报。上午10点15分，我乘火车离沈(阳)去旅(顺)。列车上的旅客很多，我看服务员忙不过来，心想，自己是一个共产党员，共产党员的全部任务就是全心全意为人民服务。在这种情况下，我应当做一名义务服务员，为旅客们服务。我把自己的座位让给了一个老大娘，自己在车上找到了一把扫帚，挨个扫完了整个车厢，接着又擦玻璃和车厢，而后给旅客们倒开水。有个老太太很亲切地对我说：“孩子，看你累得满头大汗，该休息啦。”我回答说：“没什么！”……一个大尉首长站起来握着我的手说：“大家应该向你学习。”我对首长说：“为人民服务，这是我应尽的义务。”

列车在飞奔，旅客们各个心情舒畅，有的打扑克，有的唱歌，有的唠家常，还有的妇女逗小孩，广播员播送各种新闻和好听的歌曲，整个车厢充满了愉快和欢乐。

“旅客们注意啦！现在我们车厢要选一位旅客安全代表。”乘务员说。一位旅客站起来说：“选这位解放军同志，大家同不同意啊？”旅客们都异口同声地说：“好。”我真感到这是同志们对我高度的信任，那么，应该更好地关心大家。和旅客打交道，真是好极了，原先不认识的，也认识了，亲热得像一家人一样，真是有啥说啥。旅客们有事都找我，但我并不感到麻烦，反而觉得荣幸。

解读

在火车上发生的雷锋的故事，似乎永远也说不完。

在去往旅顺的火车上，雷锋，人民群众的勤务员，不停地为车上的旅客服务——给老大娘让座，为旅客倒开水，帮助乘务员打扫车厢。雷锋干得满头大汗，却不肯休息，直到他看到干净的车厢，其乐融融的人群，才笑呵呵地松了一口气。

“和旅客打交道，真是好极了，原先不认识的，也认识了，亲热得像一家人一样。”无论是谁，雷锋都会热情地对待，拉近彼此之间的距离。

敞开心扉，真诚相待，相处并没有那么困难。

4月24日

我到了××××部队，好几个战友的眼睛出神地看着我。其中一个同志说：“是雷锋！”另一个上士同志说：“不是，雷锋一定是下士了，哪能还是一个上等兵呢？他可能是雷锋班里的战士吧！”他们都不敢肯定我是不是。和我一同去的同志对他们说：“你们不认识他吗？他就是雷锋。”我笑着和他们握了手，并问好。其中有个战友可有意思，他伸出大拇指对我说：“你是这个，呱呱叫的，起先我们都不敢认你，想必你一定是个下士了。”我笑着回答说：“当兵很好嘛，都是为着一个目标——实现共产主义。”

我仔细分析了一下，他们想我一定是下士了，也许是有点“根据”。因报纸上都宣传过，同时党和首长都很信任，一定要提升得快一些。可是，他们没考虑到工作需不需要的问题。为了党和人民的事业，我总想多贡献一点力量，那些个人的军衔级别，我真没时间考虑。

解读

雷锋事迹被广泛宣传后，大家都熟悉了这个整天乐呵呵的战士。不过，一些与雷锋未曾谋面的战士，总觉得雷锋是个“大名人”了，应该高高在上。可是，当他们真正接触雷锋后，才发现雷锋是一个和蔼可亲、待人诚恳的好战士。

雷锋出了名，并没有骄傲，仍旧保持着淳朴的作风，“总想多贡献一点力量”，从没考虑到回报、荣誉以及军衔的问题。难怪雷锋一直是那个淳朴、善良的雷锋，一直是积极上进的雷锋呢！

谦虚使人进步，骄傲使人落后。这简单的话语中，蕴含丰富而又深刻的哲理。不管我们在生活和学习中取得多大的成绩，都应该像雷锋一样保持一颗谦虚谨慎的心，快乐地追求进步！

4 月 × 日

挤时间读书：早起点，晚睡点，饭前饭后挤一点，行军走路想着点，外出开会抓紧点，星期假日多学点。

如果不积累许多个半步，就不能走完千里。

解读

古人云：不积跬步，无以至千里；不积小流，无以成江海。

雷锋的“钉子精神”的精义在哪里？钉子的最大特点就是善于挤和钻。“钉子精神”的根本，就是善于利用一点一滴的时间。“早起点，晚睡点，饭前饭后挤一挤，行军走路想着点，外出开会抓紧点，星期假日多学点。”雷锋就是这样充分利用时间，争分夺秒来学习的。

雷锋从不虚度业余时间，把自己的生活安排得井井有条，很有规律：早晨 5 点起床，淘厕所，或打扫室内外卫生；6 点加入到部队的晨练队伍当中，与战友一起跑步；早饭前利用 30 分钟学习马列著作和《毛泽东选集》。

无论是伟大的人，还是平凡的人，善于自我约束，就能管理好自己的时间。要善于学习，乐于学习，如平时少睡会儿懒觉，周末少玩会儿游戏，把分散的时间利用起来，就能学到不少知识，增添一分收获。

4月28日

现在，我们国家处于困难时期。我们是国家的主人，应该处处为国家着想，事事要精打细算，不能今朝有酒今朝醉，明日愁来明日忧。我们要奋发图强，自力更生，克服当前存在的暂时困难，坚决反对大吃大喝，力戒浪费。

……

同志，您是否意识到您的一切生活在幸福之中？可能意识不到，也可能意识到了。当您能吃一顿饱饭，穿上一套衣服，能当家做主，自由地生活，您有如何感觉呢？有一种说不出的幸福感。这是党和毛主席给您带来的，是革命前辈流血牺牲给您带来的。

解读

1961年，国家遇上特大自然灾害。当时，全国都处于经济困难时期。为渡过难关，全国上下都勤俭度日。

雷锋在日记中写道：“我们是国家的主人，应该处处为国家着想，事事要精打细算……坚决反对大吃大喝，力戒浪费。”在生活当中，他也是这么做的。每个月领的一点儿津贴，除了缴党费，购买日用品和书籍外，其余的都存起来，甚至连几分钱的车费和买汽水的钱都不舍得花。雷锋将钱一点点地积攒下来，遇到有困难的人就慷慨地捐出去。

艰苦朴素，勤俭节约，是中华民族的优良传统。不管是在国家困难时期，还是在快速发展阶段，我们都应当发扬这种精神。

生活在和平幸福的年代，你是否有大手大脚乱花钱的习惯？是否有盲目攀比的错误行为？如果有，请你及时改正；如果没有，请继续保持这种好习惯。

5月2日

我在《前进报》上看到了共产党员郑春满同志舍己救人的英雄事迹后，感动得流出了眼泪。他在为抢救两个孩子的生命与怒涛漩涡搏斗中，光荣地献出了自己的宝贵生命。我为失去一个这样好的阶级兄弟而感到十分沉痛。同时，也为有这样一个在党和毛主席教导下，在革命军队洪炉里熔炼成长起来的真正优秀的阶级兄弟而感到光荣和骄傲。

……我要学习他那舍己为人的精神，为共产主义奋斗终生。

解读

雷锋在《前进报》上看到了共产党员郑春满同志为抢救两名落水儿童献出了自己的生命的事迹。雷锋在为郑春满的牺牲感到悲痛的同时，也为郑春满舍己为人的精神感到光荣和自豪。

“我要学习他那舍己为人的精神，为共产主义奋斗终生。”每个人的生命都是宝贵的，每个人的生命都是独一无二的。为了挽救他人的生命，牺牲自己的生命，这是多么大的付出！没有无私无畏的奉献精神，是根本做不到的。

5月3日

我看到一位同志做了一件损公利己的事，心里过不去，立即批评和制止了他。爱护国家和人民财产是我的责任，不能不管，今后还应该大胆地管。

牢牢记住，并且要贯穿到自己的生活和实际行动中去——革命的利益高于一切，处处为集体利益而不惜牺牲个人的一切。

解读

集体是一个“大家庭”。生活在这个“大家庭”中，就应该维护这个“大家庭”的利益。如果做了损害集体利益的事情，就等于损害了自己的利益，这样的行为应该及时杜绝。

雷锋是遵守纪律的好榜样，他的眼睛里揉不得沙子。当他看到身边的人为了满足自己的私欲损害集体的利益时，立即进行劝阻和批评，因为“革命的利益高于一切，处处为集体的利益而不惜牺牲个人的一切。”

作为班集体这个“大家庭”中的一员，我们有义务维护班级的利益和荣誉。大家是一个整体，是一个相亲相爱的集体，不要为了个人利益而伤害了彼此之间的和气和情谊。要知道，这个班集体就是你身后最强有力的后盾。

5月14日

今天是星期天，我出了一天公差，帮炊事班做饭。一方面给大家改善生活，做点好吃的；另一方面让炊事员很好地休息一下，以处理一些个人的琐事。

晚饭后，指导员集合全连的同志开了一个会，布置下礼拜的工作，同时还宣布了上级的一个命令，提升我当副班长……今天首长提升我当副班长，完全是党对我的高度信任和大力的培养。我决心不辜负党和首长对我的期望。从今天起，我要更好地听党和首长的话，并牢记毛主席的教导：“我们都是来自五湖四海，为了一个共同的革命目标，走到一起来了。”“我们的干部要关心每一个战士，一切革命队伍里的人都要互相关心，互相爱护，互相帮助。”坚决按毛主席指示办事，努力学习马克思列宁主义和毛泽东思想，事事以身作则，关心每个同志。以自己的实际行动，去影响和帮助同志，时时严格要求自己，全心全意为党工作，为战友们服务。耐心帮助同志们提高共产主义觉悟，组织大家更好地学习毛主席著作，用毛主席的思想指导一切行动……

解读

对雷锋来说，这一天本是再平常不过的一天。和以往一样，他利用业余时间服务集体，帮助他人。看到大家生活艰苦，雷锋就帮大家改善生活；得知炊事员劳累，便替下炊事员，让炊事员歇息一下。

晚饭后，连队召开会议布置下星期的任务。在这次会议上，宣布雷锋被提升为副班长。雷锋满怀对党的感激之情，认为是党的高度信任和大力培养造就了自己。同时，为党工作，为战友服务的使命感和责任感在雷锋心中变得更加强烈。在日记当中，雷锋为自己今后的工作设定了目标和方向，他将用实际行动，继续发扬服务人民、助人为乐的奉献精神。

"升职"是可喜可贺的一件事，这时，有些人沉浸在喜悦当中，为自己过去的出色表现而感到自豪；有些人会认为升职是理所应当的，满不在乎。而雷锋把升职归功于党和上级的信任和培养，勉励自己继续向着新目标出发。这种品格、气度值得我们学习。

5 月 20 日

目前我们的军事训练很紧张，干部战士的工作、学习简直忙得不可开交，晚饭后的一个小时休息时间，大家都主动地到地里搞生产，有些战友连上街理个发的时间也抽不出来。根据这种情况，首长给我们买了三套理发的工具，要我们自己互相理发……我利用业余时间，跑到附近的理发店，请教理发师，在理发师的耐心指导和帮助下，学会了基本的操作方法。

我第一次给战友刘正武理发时，总是感到手不顺心，推剪夹头发，一个头还没有理到一半，他说剪刀夹得头皮痛，不剪了。开头一次学理发失败了。

……

我鼓足了勇气，午休不睡觉，跑到理发店继续学习，在理发师的热情帮助下，一次、两次、三次，终于学会了理发。现在战友们都愿意要我理发了，到了星期六或星期日，我就忙不开。以前不要我理发的刘正武战友，也主动地要我给他理发了。

解读

这篇日记记述的是雷锋初任副班长后一个星期内的事情。

1961年5月14日，雷锋任职副班长。一周内，雷锋和战士们忙得不可开交，晚饭后的休息时间都用来下地干活，以至于抽不出时间理发。

向来以服务战友为快乐的雷锋，利用业余时间到理发店学习理发。对雷锋来说，理发和汽车驾驶一样，是一项新技能。这项技能虽“新”，却难不倒雷锋，因为他具有刻苦学习、锲而不舍的“钉子”精神。

虽然第一次学理发失败了，但雷锋并未气馁，而是鼓足勇气，利用午休时间继续学习。经过不懈的努力，雷锋终于掌握了理发技术。

我们的成长是一个不断学习的过程，常常要面对一项项新技能。无论是学骑自行车、学轮滑、学游泳，还是学习文化知识，如果我们具有雷锋这种“钉子”精神，就没有什么是做不到的。

6月29日

……

十多年来，我在党的不断培养和教育下，提高了政治思想觉悟，树立了为共产主义事业奋斗到底的雄心大志，因此在各项工作和学习中取得了一点点成绩，党和人民给予了我很大的荣誉。自从去年各报刊和广播电台介绍了我的情况以后，收到了全国各地许多青年的来信。今天党对我这样信任，同志们对我这样尊重，我一定要更加虚心，尊重大家，努力学习，忘我工作，时时牢记毛主席的教导，永远做一个人民的小学生。

解读

新中国成立后，全国人民迎来了新生活，曾经沦为孤儿的雷锋也有了“家”，这个家就是党。在党的关怀下，雷锋上了学，后来又参加了工作。在鞍钢化工总厂和焦化厂工作期间，雷锋表现突出，多次受到奖励。入伍以后，雷锋心怀对党、对国家的感恩之情，先后立过二等功、三等功，被评为“节约标兵”“模范共青团员”等。

雷锋在各项工作中取得了不少成绩，然而，在雷锋看来，这些只是一点点成绩，而且是党和人民给的。

雷锋时刻怀着一颗感恩的心，感恩党，感恩人民。当取得一定成绩后，他并没有骄傲，而是更加虚心向其他人学习，勉励自己“永远做一个人民的小学生”。

我们在学习过程中取得优异成绩时，也要像雷锋一样，不骄不躁，请记住：满招损，谦受益。

×月×日

学习《论人民民主专政》。

整个革命历史证明，没有工人阶级的领导，革命就要失败；有了工人阶级的领导，革命就胜利了。在帝国主义时代，任何国家的任何别的阶级，都不能领导任何真正的革命达到胜利。

工人阶级是最先进、最有觉悟、最有组织纪律、最有前途的阶级。工人阶级在旧社会受剥削受压迫最深，生活不如牛马，要求革命最坚决，革命最彻底。我国人民在工人阶级先锋队——伟大的中国共产党的正确领导下，取得了革命的伟大胜利，取得了社会主义建设巨大成就，将来会取得一个更美好的共产主义社会。

解读

《论人民民主专政》是毛泽东1949年6月30日为纪念建党二十八周年而写的一篇文章。这篇文章把马克思主义理论同中国实际相结合，论述了即将成立的新中国的国家性质，各个阶级在国家中的地位、相互关系，以及国家的对内、对外政策等。

这篇日记是雷锋学习《论人民民主专政》的心得体会。通过学习，雷锋意识到了工人阶级在以往革命中的作用，以及在新中国的地位，更加坚定了自己的共产主义信念，对祖国的建设满怀憧憬。

7月1日

今天早上起来，我感到格外地高兴，原因不是别的，昨晚我梦见了伟大的领袖毛主席。正好今天又是党建立四十周年的诞生日。今天，我有向党说不尽的话，感不尽的恩，表不完为党终生奋斗的决心。

我，一个孤苦的穷孩子，今天成长为一个解放军战士、光荣的共产党员，并当选为抚顺市人民代表，这一切是我做梦也想不到的。可以肯定地说，没有共产党，就没有我。每当朋友和同学及许多不相识的同志来信称赞我，羡慕我的进步的时候，我就感到很不安。我像一个学走路的孩子，党像母亲一样扶着我，领着我，教会我走路。我每成长一分，前进一步，这里面都渗透着党的亲切关怀和苦心栽培。

……

亲爱的党，我慈祥的母亲，我要永远做您的忠实儿子……为建设社会主义和实现共产主义而献出自己的全部力量，甚至生命。

解读

这篇日记写于建党四十周年纪念日，字里行间洋溢着雷锋对党的感恩之情。

在这个特别的日子，雷锋回想起自己的经历：由一个孤苦的穷孩子到一个解放军战士、光荣的共产党员，再到抚顺市人民代表。这一路走来，全都离不开党的亲切关怀和苦心栽培。

“没有共产党，就没有我”，说得既朴实又满含真情。雷锋把党比作“慈祥的母亲”，自己要做她的“忠实儿子”，这个比喻形象而贴切。

7月2日

今天，战友×××在队列当中稀稀拉拉，九班长看见后就发了火，好顿批评，可是×××同志置之不理。下操后，×××同志说：“九班长态度粗暴，我懒得听他的。”

这件事引起了很多人的议论。有人说：“九班长的脾气不好，有事爱发火，他的心可是好的。”我认为这种说法不够正确。毛主席说过：“真正的好心，必须顾及效果。”抱着好心而又好对同志发脾气的人，常常是效果不好。既然效果不好，这好心又表现在哪里呢？这好心给革命、给同志又带来了什么好处呢？

这件事，我认为九班长应该对×××同志进行耐心说服教育才对，在列队中对×××发态度，达不到教育目的。我们都是阶级兄弟，应该互相帮助，共同进步。

解读

雷锋看到九班长粗暴的态度，不仅没有达到教育战友的目的，反而让战友产生反感的情绪。

作为副班长的雷锋不断地反思，认为解决问题的方式特别重要。如果采用那种不合理的方式解决问题，往往达不到自己想要的效果，有时候还会适得其反，让事情向更坏的方向发展下去。根据不同事物的特点，采用不同的解决方案，才能得到自己想要的结果。

我们在生活中，有没有这种好心办坏事的时候呢？你有没有想过，你本来是为他好，结果对方竟然不领情，这是为什么呢？你要如何改进自己处理问题的方式呢？

8月3日

今天是我永远不能忘记的日子，我光荣地参加了抚顺市第四届人民代表大会第一次会议。像我这样一个给地主放猪出身的穷孩子，能够参加这样的大会，心里有说不出的高兴和感激。

首先我要衷心地感谢党和毛主席把我从虎口中救出来，把我抚育成人，教给我无产阶级的思想，感谢政府对我的亲切关怀和照顾，感激人民对我的爱戴。今天我深刻地认识到，只有在党和毛主席的正确领导下，才有我们穷人的天下，才有穷苦大众当家做主的权利，才有我们今天幸福的新生活。

……

我们的党，是英明的、伟大的、正确的。我要坚决听党的话，一辈子跟着党走，认真贯彻党的方针政策，对党有利的话、有益的事，我要多说、多做；对党不利的话、没有益的事，我坚决不说、不做。我要全心全意为人民服务，永生为伟大的共产主义事业而奋斗。

解读

雷锋这个贫苦出身的孩子能参加人民代表大会，是一件多么令人振奋的事情！这更加激发了雷锋的爱党热情。

一个为地主放猪的孩子能成长为一个人民代表，参加人民代表大会，完全是党和国家培养的结果，所以，雷锋怀着一颗感恩的心，参加了这次代表大会。

雷锋还下定决心，用自己力所能及的方式来报答祖国和党对他的恩情。

8月6日

我看见有六位六七十岁的老太太来参加抚顺市第四届人民代表大会，内心十分羡慕和尊敬。我看到她们就好像看到了自己的祖母一样。拉着她们的手，微笑地向她们问好，并把她们一个个送到宿舍，给她们倒茶、打水……并和她们有趣地拉家常……从阶级友爱出发，我不但爱这些老太太，而且爱全国人民，爱全世界的穷苦大众。他们都是我的亲人，我要为他们的自由、解放、幸福而贡献自己毕生的全部精力，直至最宝贵的生命。

解读

参加人民代表大会的雷锋没有忘记助人为乐，为参会的“老太太”倒茶水。他有这样的举动，只有一个原因，那就是对祖国、对人民的那份沉甸甸的爱。这份爱不仅让雷锋可以为“老太太”打水，让雷锋冒雨送大娘回家，还可以让雷锋贡献出毕生的精力，甚至是生命。

雷锋的爱，是博大的爱，是深沉的爱。这种博爱、大爱有没有唤醒你内心深处的某种情愫？

8月7日

抚顺市人民代表大会已经开了四天，今天是最后一天了。市委负责同志代表全市人民的心意，送给了我们一份礼物（一斤苹果）。当我拿着这斤用红纸包着的苹果，内心特别激动。回想起自己过去那种无依无靠到处流浪的苦日子，总觉得现在的党和人民胜过自己的亲生父母，对我太关心了。我想：自己好了，不能忘记为人民而负了伤的阶级兄弟。于是我把这份苹果又转送给了住在卫生连的伤病员同志，自己虽然没吃着，但是心里比吃了这斤苹果还要甜十分。

解读

什么东西最甜美？

雷锋在人民代表大会结束的时候，得到了一份小礼物——一斤苹果。这让雷锋回想起自己童年的境遇：孤苦无依，到处流浪。而如今的生活让雷锋倍感幸福，这样的幸福源于党和人民对他的关怀。在幸福的新生活中，雷锋没有忘记他人，他把这种幸福与伤病的同志一起分享，把自己的感动传递给他人。

处在幸福与欢乐中时，我们是否想过把这些美好的感觉分享给周围的人呢？

9月10日

今天陈排长找我谈了一番话，对我的启发和教育很大。从多次的谈话中，使我深知，陈排长是一个直爽、诚实，对同志关心、对革命负责的好干部，这种精神和优良作风，我要永远学习。

排长谈到，据同志们反映说，我工作主观，其事实是：到浑河农场拉菜，我看农场里的同志都已吃晚饭了，心想战友艾起福、何国良出了一天车，比较累，再说午饭吃得早，也可能饿了。我和农场的管理员联系了一下，准备好了饭，叫他们两位司机吃，可是他们硬不吃，说天快黑了，车没有灯，要赶紧回队。我想回去也要吃饭，现在这里饭已准备好了，在哪儿吃还不一样吗？再三劝他俩吃，最后他俩还是没有吃，我也就和他俩一块儿拉菜归队了。事后他俩说我办事主观。

今天排长给我指出，要我今后办事多和群众商量，注意工作方法。我觉得很好，一定改进。至于其他方面的小缺点，我也要特别注意，加以纠正。有些反映虽然有出入，但我也很欢迎，今后提高警惕，随时注意。我深记了斯大林的教导：“我们不能要求批评百分之百的正确。如果批评是来自下面的，那么即使这种批评只有百分之五到百分之十是正确的，我们也不应当忽视。”今天我是一个班长，对于战士的反映和意见，丝毫不能轻视，一定要坚决克服缺点，做好工作。

排长要我抓紧时间努力学习，提高政治觉悟和技术水平。这些好话，牢记心间，照着去做，定能进步。

解读

知错能改，善莫大焉。

在工作或生活当中，人们往往会因为自己的主观意识，犯一些错误。雷锋也不例外。这一天，排长找到雷锋，谈起他“办事主观”的问题。事后，雷锋积极思考自己的不足，下定决心纠正错误。

我们在学习、生活中也会犯这样或那样的错误。我们会认真思考自己的不足吗？会在别人指出自己的错误后，及时改正吗？

9 月 20 日

我在哨所周围来回流动，脑子里一个转又一个转地想着，汽车、油库、国家的许多财产、全连的安全，都掌握在卫兵的手里，如果麻痹大意，不提高警惕，万一敌人破坏，那将给国家和人民造成多大的损失。我感到自己责任的重大。比起红军长征的时候，天天打仗，经常几天几夜得不到休息，还是那样坚强勇敢、英勇奋战，我呢？人民的子弟兵，祖国的保卫者，这个光荣的称号使我感到高兴，我宁愿站到天亮也乐意。

解读

你觉得自己有责任感吗？在哨所巡逻时，想到汽车、油库、国家财产以及全连的安全，雷锋马上联想到自己身上肩负的责任。作为一个保家卫国的士兵，最重要的责任就是守卫国家领土与人民财产的安全。

雷锋，人民的子弟兵，祖国的保卫者，这个光荣的称号让他感到无比的高兴："我宁愿站到天亮也乐意"。

9月22日

毛主席写的《纪念白求恩》这篇文章，我早已读过，并为白求恩的国际主义精神和共产主义精神感动得流出了热泪，对我的教育和启发特别之大。白求恩那种毫不利己、专门利人的精神，鼓舞和鞭策了我的进步，使我所取得的收获不小。

今天副指导员又给我们上了这一课，我又反复地看了数遍，所受教育更为深刻。白求恩同志对待自己本行业务是那样刻苦地钻研，精益求精，为人类的解放事业献出了毕生精力和整个生命。可是我呢，为党、为人民又做了一些什么呢？对照起来，我感到万分惭愧和渺小。拿自己的技术学习来说，还不是那么刻苦钻研的，学得也不够深透。但是我相信，只要再加一把油，勤学苦练，虚心学习，是一定能把汽车开好的……一旦帝国主义发动侵略战争，我们就彻底、干净、全部地把他们歼灭。

通过这篇文章的学习，使我深刻认识到：一个人活着，就应该像白求恩同志那样，把自己的毕生精力和整个生命为人类的解放事业——共产主义全部献出。我要永远站在无产阶级的立场上，永远忠于党、忠于人民、忠于保卫祖国和世界和平的伟大事业，做一个真正的共产主义革命战士。

解读

白求恩那种国际主义精神和共产主义精神实在令人赞叹。

雷锋反复阅读《纪念白求恩》这篇文章，为白求恩毫不利己、专门利人的精神所深深感动。白求恩对业务刻苦钻研，精益求精；对信仰执着追求，无比虔诚。白求恩精神将引导雷锋走完他的一生。

你有刻苦钻研的精神吗？你又是如何面对棘手的问题的？

10月1日

今天是国庆节，我格外地高兴。在这伟大的节日里，我加倍地惦记着英明的领袖——毛主席。

敬爱的毛主席呀，毛主席！我天天想，月月盼，总想见到您……可现在我还差得很远，没有做出什么成绩，对人民没有多大贡献。但是我有决心听您老人家的话，永远站在无产阶级的立场上。我要像松树那样，不怕风吹雨打、严寒冰雪，四季常青；我要像柳树一样，插到哪里都能活，紧紧与人民连在一起，在人民中生根、长大、结果，做人民最忠实的勤务员。

我要以坚强的毅力，忘我地劳动，刻苦学习，做好工作，争取见到毛主席。

解读

在这个特殊的日子里，雷锋为祖国母亲的生日而感到高兴。

兴奋中的雷锋没有忘记自己的不足，反而更加坚定了自己的信念——不断地学习，为祖国和人民做出贡献。

雷锋的一生是奉献的一生，他的奉献源于自己爱国、爱党、爱人民的坚定信念。

你有没有这样一种信念，让你可以执着坚定地做一件事情呢？

10 月 2 日

我做事，老好一个人去干，不爱叫别人，生怕人家不高兴。就拿扫地来说，我每天早上忙得不可开交，有的同志却闲着没事，自己累得够呛，可是扫的地段不大。有时室外卫生没有及时打扫，首长看了不满意，我为这个问题真有点着急。

今天连长找我谈话，句句打动了我的心。他说："火车头的力量很大，如果脱离了车厢，就起不到什么作用。一个人做工作，如果脱离了群众，就会一事无成……"连长的话给了我很大的教育和启发，使我懂得了一个人只有和集体结合在一起才能最有力量。今天我发动了全班的同志打扫卫生，由于大家一齐动手，很快就把室内室外打扫得干干净净，事实证明连长的话是正确的。今后我无论做什么，一定要走群众路线，依靠群众，发动群众，团结群众，一道为社会主义建设和实现共产主义而贡献力量。

解读

有时候，我们总是喜欢一个人做事，结果却发现远不如大家一起来做效果好。雷锋也有过这样的困惑：许多时候，仅靠一个人根本没有办法把一件事情做好。

无论做什么工作，脱离了集体和团队，就会一事无成。借助集体的力量，不仅可以让自己减轻压力，而且能够更好地完成任务。

请相信集体的力量，相信团队的力量。

10 月 3 日

人生总有一死，有的轻如鸿毛，有的却重如泰山。我觉得一个革命者活着就应该把毕生精力和整个生命为人类解放事业——共产主义全部献出。我活着，只有一个目的，就是做一个对人民有用的人。

当祖国和人民处在最危急的关头，我就挺身而出，不怕牺牲。

生为人民生，死为人民死。

解读

人固有一死，或重于泰山，或轻于鸿毛。这句话出自司马迁的《报任安书》，毛泽东在纪念张思德的《为人民服务》一文中曾加以引用。

张思德是雷锋的榜样。他1915年出生在四川仪陇县，1933年12月参加了红军，1937年10月加入中国共产党。1944年，张思德受组织委派到安塞县烧木炭。这一年的9月5日，张思德在炭窑内工作时，炭窑突然崩塌，不幸牺牲。

张思德舍己为人的精神打动了雷锋，这种精神指引着雷锋走好以后的工作、生活之路。雷锋对待革命事业有万丈豪情，愿意在危急的关头挺身而出，甚至献出生命。

10月8日

今天我在报纸上看了一篇文章，其中鲁迅的两句诗对我教育很深。我坚决要按照鲁迅的那两句诗去做：

“横眉冷对千夫指，俯首甘为孺子牛。”

对敌人要狠，要像严冬一样残酷无情；对党、对人民要忠诚老实，永远忠于党，忠于人民，做党和人民的驯服工具。

解读

“横眉冷对千夫指，俯首甘为孺子牛”，出自鲁迅先生的《自嘲》一诗。

自　嘲

运交华盖欲何求，未敢翻身已碰头。

破帽遮颜过闹市，漏船载酒泛中流。

横眉冷对千夫指，俯首甘为孺子牛。
躲进小楼成一统，管他冬夏与春秋。

此诗创作于20世纪30年代初。身在“白色恐怖”之下，鲁迅经常遭受压迫，但就是在这样复杂危险的环境中，鲁迅依旧不妥协，用战斗的态度面对这一切。“横眉冷对千夫指，俯首甘为孺子牛。”两句诗形象地写出了鲁迅对待敌人和人民两种截然不同的态度，意味深长，形象鲜明。对待敌人，要坚决与其斗争到底，毫不畏惧、妥协。而对待无产阶级人民大众，则要鞠躬尽瘁，死而后已。

无论在生活中，还是在工作中，雷锋对待同志一直如春天般温暖。对待身边不好的人和事，都能及时指出，不留情面，并及时帮助其改正；对待敌人，则像严冬一样残酷无情。

10月12日

我要牢记这样的话：永远愉快地多给别人，少从别人那里拿取。这种共产主义精神，我要在一切实际行动中贯彻。

今天，我听战友 ××× 说：没有日记本了，手中无钱买。我立即把自己一本新的日记本送给了他。这仅仅是一点小意思。我愿意把自己所有的东西，包括生命献给党和人民……

解读

对于雷锋来说，无论奉献出的是多是少，都是愉快的。

雷锋眼中的共产主义精神，就是这种“多给别人、少从别人那里拿取”的无私奉献精神。一个曾经孤苦无依的人能有这样的奉献精神，会让人觉得很奇怪。是什么让他这个比别人更需要关怀的人，有这样的举动呢？

答案是：对祖国、对人民的爱的回报。雷锋认为祖国和人民给了他无尽的爱，他要用自己的奉献来回报祖国和人民。

雷锋懂得感恩。感恩之心让他勇于奉献，乐于奉献。

10月13日

今天可有意思，×××同志出车回来，惊奇地问这个，问那个，不知是谁给他洗了一条衬裤和一双穿得发了臭的袜子，可是没有一个人说话，究竟是谁给他洗的呢？只有我知道，但是我没有说，我觉得这是自己应尽的义务。

解读

看到战友出车没有时间洗袜子，雷锋就帮忙洗干净了。同志问起，他却只字不提。

这些生活中看起来不起眼的小事，雷锋都一一认真做好。

其实，助人为乐并不在于事情的大小，重要的是你能否把别人的困难看在眼里，放在心上。

感别人之所感，急别人之所急，这是助人为乐的前提。如果你感受不到别人的急，看不到别人在急什么，你怎么会伸出援手，去尽心尽力地帮助别人呢？

10月14日

×××同志是新调来我班的一个好同志。过去受过苦，现在革命热情高，工作能吃苦。他来自农村，学习少，政治觉悟比较低，对各种问题的看法有时片面……和同志们比较起来是落后了。我觉得这个同志有一个最大的特点，就是敢于改正缺点和错误。从这点来看，还是有办法的。我们班有的同志对他看法不好，说他是个落后分子，就因他调到我们班，有的同志不大满意……针对这个矛盾，我组织大家学习了毛主席“共产党员对于落后的人们的态度，不是轻视他们，看不起他们，而是亲近他们，团结他们，说服他们，鼓励他们前进”的教导，大家统一了认识，改变了态度。

×××同志调到我班的第三天就病了……我觉得自己有责任去关心他，体贴他，给予他温暖。一清早，我请卫生员给他看了病，并给他打开水吃药，打洗脸水，给他洗脸，做病号饭送给他吃，把自己的棉大衣给他盖在身上，安慰他好好休息。到澡堂洗澡的时候，我给他擦澡……在生活方面我给予他适当的照顾。他激动地对我说：“班长，你对我太关心了，人心都是肉长的，我再不好好干，也说不过去了。”第四天一早，他就主动地打豆子去了。我们吃早饭的时候，他打了一麻袋豆子背了回来。

解读

雷锋时刻都在关心战友，特别是6月份当上四班班长以后，他对战友的关心体现在踏踏实实的行动上。

雷锋在这天的日记里提到了班里新来的一位“小战士”。这位“小战士”身上有许多缺点，四班的大多数人都看不惯他。但雷锋却与大家有不同的看法，他在“小战士”的身上确实看到了缺点，同时也发现了优点：“我觉得这个同志有一个最大的特点，就是敢于改正缺点和错误。”雷锋号召四班全体人员帮助“小战士”改正缺点，发扬优点。在雷锋的努力下，“小战士”最后终于成为人人喜爱的优秀战士。

你也曾遇到过类似的问题吧？讨厌一个人，觉得他一身缺点，不想与之交往。我们何不像雷锋一样，试着换一个视角看问题，去寻找他人身上的优点，接近他，帮助他。许久以后，你会发现，你的身边会因此多一位好朋友。

10月15日

今天是星期日，我没有外出，给班里的同志洗了五床褥单，帮×××战友补了一床被子，协助炊事班洗了600多斤白菜，打扫了室内外卫生，还做了一些零碎事……总的来说，今天我尽到了一个勤务员应尽的义务，虽然累了点，也感到很快活。班里的同志感到很奇怪，不知道谁把褥单洗得干干净净的。×××同志惊奇地说："谁把我的破被子换走了？"其实他不知道是我给他补好的呢！我觉得当一名无名英雄是最光荣的。今后还应该多做一些日常的、细小的、平凡的工作，少说漂亮话。

解读

一年365天，雷锋天天都在忙碌，忙碌的大都是日常的、细小的、平凡的事情。

这一天是星期天，雷锋又在做好事，比如帮战友补被子，帮炊事班洗白菜，等等。他从早干到晚，从不怕累。当战友惊讶于被子竟然被补好了的时候，雷锋却坐在一旁浅浅地笑了。

此刻，雷锋的笑容，想必是最美的。

"少说漂亮话"，雷锋总是默默无闻地做好事，虽然有些累人，却依旧很快乐。这种帮助他人而得到的快乐，既纯粹又美好。

10月16日

高楼大厦都是一砖一石砌起来的，我们何不做这一砖一石呢！我所以天天都要做这些零碎事，就是为此。

解读

日记很简短，只有两句话，却表达出了雷锋心中一直坚守的信念。

大家都知道，雷锋好事做了一火车，但他所做的都不是惊天动地的“大事”。正因为如此，有的人对雷锋嗤之以鼻，说他只是个好管闲事的人。对此，你有怎样的看法呢?

小小的水滴，经过长年累月微小力量的积累可以穿透顽石，这就是水滴石穿的力量；一件件小事积累起来，同样会产生不可思议的力量。做一件好事也许不会产生什么直截了当的影响，但无数个好事累积起来,就能放射出灿烂的光芒,照亮这个世界,给人以温暖。

10月17日

我看到厕所的粪池满了，立即动手把大粪淘出来，虽然牺牲了自己一上午的休息时间，但是厕所里弄得很干净了。人家开玩笑地说我是一个“大粪夫”。我觉得当一个“大粪夫”是非常光荣的。1959年参加北京群英会的时传祥同志，不就是一个淘大粪的工人吗？我要是能够当一个这样的“大粪夫”，那该多荣幸啊！

解读

20世纪五六十年代，北京市崇文区清洁队有一个淘粪工人，名叫时传祥，他不嫌脏，不嫌累，对自己的工作认真负责，以“一人脏换来万人净”,赢得了人们的认可和尊敬,荣获了“全国劳动模范”等光荣称号。

时传祥是雷锋心中的偶像。通过自己的实际行动，雷锋向自己的这位偶像致敬。雷锋看到粪池满了便牺牲自己的休息时间去淘大粪，把厕所打扫得干干净净。

工作不分贵贱，雷锋觉得当一个“大粪夫”也是一件光荣的事情。三百六十行，社会离了哪一行都不行。没有环卫工人，就没有干净的街道；没有建筑工人，就没有高楼大厦。他们辛苦了自己，为大家创造了舒适的生活环境。还有比这种奉献精神更令人感到光荣的事情吗?

10月18日

有的同志晚上不愿意站岗。白天工作学习忙，比较疲劳，晚上睡得甜蜜蜜的，叫起来站岗，是有一点不是滋味。可是，他们没有想到，站岗是党和人民交给我们的一项光荣而艰巨的任务。每次轮到我站岗的时候，不管是白天或黑夜，烈日或严寒，我总是很愉快地去执行了。这是因为我时刻想到：我们是伟大的中国人民解放军，是祖国的保卫者，是人民最可爱的人。

解读

雷锋是坦诚的，在他的日记中不是“报喜不报忧”，而是开诚布公地直面问题。站岗是每个战士都要执行的基本任务，但仍有少数人不愿意轮换深夜那班岗。因为站深夜这班岗太辛苦。

雷锋为那些自私的人做出了表率。每次轮到雷锋站岗，无论白天还是夜晚，酷暑还是严寒，他都毫无怨言地去执行。雷锋认为这么做是自己的责任，是党和人民交给自己的任务，自己有义务、有责任去好好地完成它。

10月19日

有些人说工作忙、没时间学习。我认为问题不在工作忙，而在于你愿意不愿意学习，会不会挤时间。

要学习的时间是有的，问题是我们善不善于挤，愿不愿意钻。

一块好好的木板，上面一个眼儿也没有，但钉子为什么能钉进去呢？这就是靠压力硬挤进去的，硬钻进去的。

由此看来，钉子有两个长处：一个是挤劲儿，一个是钻劲儿。我们在学习上，也要提倡这种“钉子”精神，善于挤和善于钻。

解读

雷锋在望城县县委机关工作时，尤其机灵、能干，他勤于观察，爱动脑思考，能发现问题并且常常有自己独到的见解。

钉子为什么可以钉进严丝合缝的木板中？就是靠着钉子的挤劲儿、钻劲儿。爱思考、善琢磨的雷锋发现了“钉子”的可贵之处，还能把这种“挤劲儿”“钻劲儿”应用到工作与学习中去。

雷锋珍惜每一分每一秒，抓紧时间学习，虽然一次两次可能不见得有什么明显的效果，但长年累月坚持下去就会有成效。要知道，雷锋就是依靠这种精神，在工作之余阅读了大量的书籍，学到了不少知识和技能。

日常生活中，如果我们能践行雷锋提倡的“钉子精神”，相信学习、考试和工作中遇到的困难都会迎刃而解。

10 月 20 日

人的生命是有限的，可是，为人民服务是无限的，我要把有限的生命，投入到无限的为人民服务之中去……

解读

这一天的日记内容，语句简洁凝练，成为大家耳熟能详的名言，充分体现出雷锋精神的内涵。

正如雷锋所说的，每个人的生命都是短暂的，我们怎样才能让这短暂化为永恒，让有限化为无限？雷锋给出的答案是：“为人民服务。”

为人民服务，具体来说，就是帮助别人，奉献社会。也许有人会质疑，这样做真的就能将“短暂”化为“永恒”吗？雷锋给出了最好的答案。他一生只有短暂的 22 年，但他的言行、事迹和精神却一直被人们铭记、传颂和学习。这难道不是一种永恒吗？

10 月 22 日

有些人讲话爱啰唆，有时一句话或一件事反复地说，东扯葫芦西扯瓢，说来说去还是一个意思，时间用了不少，事情说得不多。俗话说：剩饭炒三次，狗都不爱吃。一句话老那么说，人家就不爱听。本来意思不多，却讲了不少，结果那一点精华被淹没在空话的海洋中了。这好像人们喝糖水，同样多的糖，如果掺水适当，则味道甘美，如果掺水过多，必然淡而无味。可见讲话的时间长，不一定效果就好，相反有时还会更坏。

解读

雷锋这篇日记中没有记录当天发生的事情，只是就“说话的艺术”谈了自己的看法。

早在团山湖农场工作时，雷锋就创作了短篇小说《茵茵》。这是雷锋形式最为完整的一篇文学作品。雷锋是一个有潜质的文艺青年，在那个充满激情的年代，他勇敢拿起笔，写下数量可观的文字作品，着实难能可贵。虽然很多作品说不上有什么文学性、审美价值，但不能否认雷锋在文字表达方面的才能。

在语言表达上，雷锋反对讲话啰唆，认为那样会影响谈话的效果，让人厌烦。这个观点想必大家都能认同。

当父母、师长对我们反复说教，不停唠叨时，即使明知道他们是为我们好，仍会感到不高兴、不耐烦。如果再遇到这种情况，你可以向他们讲讲雷锋日记中所阐述的道理。同样，我们讲话时也一定要注意方式方法，这样会帮助我们避免生活中很多不愉快事情的发生，提高工作和学习效率。

11 月 26 日

我学习了毛选一、二、三、四卷以后，感受最深的是，懂得了

怎样做人，为谁活着……

我觉得自己活着，就是为了使别人过得更美好。

我要以黄继光、董存瑞、方志敏等同志为榜样，做一个热爱祖国、热爱人民，永远忠于党、忠于人民革命事业的人。

解读

这篇日记更像一个简短的读后感。

雷锋读了毛泽东的著作后，写下了自己的体会——“我觉得自己活着，就是为了使别人过得更美好。”

“热爱祖国，热爱人民”不能只停留在口号上，还应该将其付诸实践。“热爱”，是为了使别人过得更美好，最终得转化为一种行动。

帮助需要帮助的人，奉献自己所能奉献的一切，这就是“热爱”。读到这里，相信你已知道该怎样做了，赶快行动起来吧！

11 月 27 日

今天下大雨，我看到咱们车场放了两堆苞米，虽然用雨布盖上了，但是我还不放心，跑去一看，发现苞米被雨淋湿了不少。我真心痛极了……立刻组织了全班的同志冒雨收苞米。有的拿大筐，有的拿麻袋，装的装，抬的抬，很快就把 2000 多斤苞米搬到了家里，免遭损失。虽然衣服湿了，但是粮食收回来了，自己放心，心里快活了。

解读

这一天，雷锋又带领着自己所在的四班做了一件好事：冒雨“抢救”粮食，把车场上存放的“2000 多斤”粮食搬运到室内。

雷锋已经将做好事当成一种习惯，当成一种再自然不过的事情。

关键是，雷锋能从中获得快乐，就像他在日记里写的那样：“虽然衣服湿了，但是粮食收回来了，自己放心，心里快活了。”

谁说帮助别人是件费力不讨好的事？你看，雷锋就从“做好事”中获得了莫大的快乐。

×月×日

学习《纪念白求恩》。

一个人能力有大小，但只要有这点精神，就是一个高尚的人，一个纯粹的人，一个有道德的人，一个脱离了低级趣味的人，一个有益于人民的人。

我决心听毛主席的话……事事大公无私，处处从党和人民的利益出发，全心全意为人民服务，决不让有一点肮脏的个人利益低级趣味的东西来玷污自己。向白求恩学习，做一个毫不利己、专门利人的人，为共产主义奋斗终生。

一个人，只要大公无私，处处从党和人民的利益出发，兢兢业业为党工作，老老实实为人民服务，就是一个有益于人民的人。

一个人只要他不存私心，时时刻刻考虑人民的利益，全心全意地去为人民服务，他就能成为一个道德高尚的人。

加强工作责任心，对同志对人民要忠诚，要热情，要关心，要互相帮助。

一个革命战士必须具有把一切献身于无产阶级革命事业的崇高理想。

不但要有好的思想，而且还要有高超的技术，才能更好地为人民服务。

文章的结尾告诉了我们要做一个什么样的人。

我活着就要做一个对人民有用的人。

解读

“我活着就要做一个对人民有用的人”，简单而质朴，却铿锵而有力，足以震撼人的心灵。

怎样才能做一个“对人民有用的人”呢？雷锋给出的答案是：从人民的利益出发，时时刻刻为人民的利益着想，有责任心，掌握技术与知识，兢兢业业地工作……

让我们从关爱身边的人开始，学着做一个“对人民有用的人”。从他们的角度出发思考问题，为他们着想，处处关心他们，爱护他们，帮助他们。当我们对身边的每个人都是如此尽心尽力的时候，你会发现你已经是一个“对人民有用的人”了。

12 月 20 日

昨晚我连车辆紧急集合，×××同志搬电瓶发动车时，洒了一些电瓶水，衣服上沾了不少。因电瓶水是硫酸和蒸馏水混合而成的，腐蚀性大，结果他那条新棉裤烧了几个大口子。今天我看他很不高兴，着急找不到黄布补裤子。我立即拆掉自己的棉帽衬洗干净（棉帽衬是黄布做的），在夜里，当他睡着了，我用棉帽衬那块黄布偷偷地给他把新棉裤补好了。×××知道这件事后，便激动地对我说：“班长！你对我太关心了……”

解读

这一天，雷锋又“偷偷地”做了一件好事——替战友补了一条棉裤。说起来这真是一件小事，不过雷锋却从不会因为事小而不去做。

勿以善小而不为，勿以恶小而为之。“小恶”不遏止将会促成“大恶”，“小善”不停歇将会成长为“大善”。让我们从今天开始，从现在开始，以此为信条对待身边的人和事吧！

12月30日

我班×××同志的母亲病了，今天来信叫他请假回家看望。首长批准了他三天假。可是他着急回家缺钱，想买点东西给母亲吃，钱又不够。正当他为难的时候，我一考虑心里过不去，我想：他的母亲就像我的母亲一样，他有困难，也等于是我的困难。我和他是阶级兄弟，应当互相帮助。想到这里，我立刻拿出了自己的10元津贴费，还买了一斤饼干，一齐交给他，叫他带回家给母亲。×××同志接到我的钱和饼干后，激动地说："班长，我太感谢你了……"

我班×××同志，叫他出车就高兴，不叫出车或做点其他工作就不大满意。还有的同志拈轻怕重，害怕累了自己。

比如：有一次淘厕所，有的同志说："这活儿不是咱们干的，我们是开车的，应该叫其他连队来淘。"在干的当中，我发现有个别同志怕脏怕累，站在一旁瞅着。

我一边干活儿，一边想：如果我们革命队伍中存在着这种怕苦怕累的思想，对工作会有影响，对革命不利，如不及时纠正，会造成什么后果呢？我想来想去，又想起了毛主席的教导，毛主席说："什么叫工作，工作就是斗争。那些地方有困难、有问题，需要我们去解决。我们是为着解决困难去工作、去斗争的。越是困难的地方越是要去，这才是好同志。"当天吃过晚饭，我组织全班同志学习了这篇文章。通过学习，大家提高了认识，统一了思想。第二天本来是星期日，大家向我提出要求不休息，积肥支援农业。睡觉之前，×××和×××等同志把粪桶及工具都准备好了。第二天天刚亮，我发现铺上的人都不在了。还没吹起床号，他们到哪里去了呢？我披着大衣出去找，真出乎我的意料之外，大家积了好大一堆肥料。我看到同志们那股热火朝天的干劲儿，既高兴又激动，便立刻拿起工具和大家一起干了起来。×××同志一边淘大粪，还一边对我说："毛主席著作真正好，学了浑身添力量……"吃早饭的时候，大家都对我说："班长，今后我们要多做工作，别人不爱干的活儿咱们干。"

打这以后，扫厕所、淘大粪，成了大家的自觉行动。在冬训中，我们班利用课余和假日休息时间积肥3500多斤。

解读

雷锋燃烧自己，温暖别人，不仅自己认真对待工作，同时能带动周围的人认真对待工作。

雷锋日记中提到班里的战友对工作总是拈轻怕重，遇到喜欢的就做，遇到不喜欢的就偷懒不想干。雷锋认为这种工作态度十分不好，于是就组织大家一起学习，并以身作则教导周围的人做工作要认真负责，迎难而上。大家在雷锋的带动下开始积极工作，不再挑三拣四。

雷锋有强烈的使命感和责任感。没有责任感，就没有了前进的动力。一味地嫌弃或者放弃，只能说明缺少了一份认真负责的精神。

第五章 全心全意为人民服务

1962 年

1 月 1 日

1961 年已经胜利度过。回顾入伍两年来，在党和上级的耐心培养教育下，不断地提高了阶级觉悟，懂得了热爱同志和集体，懂得了怎样做人，懂得了党的号召就是我们行动的指南。由于我在实际工作和行动中，做出了一点成绩，部队党委授予我“模范共青团员”和“节约标兵”的光荣称号，并给我记二等功一次，三等功两次，这使我内心十分激动。因为我所做的是每个共产党员应尽的义务，而且距离党和上级的要求还差得远，获得一些成绩也是党的教育和同志帮助的结果。

在新的一年中，我决心继续努力，做各项工作中的“红旗手”，关心同志，关心集体，处处、事事、时时起模范带头作用……

解读

1962 年，新年伊始，雷锋回忆起部队生活的点点滴滴。

1960年1月8日，雷锋响应号召参军。他带着一颗热爱党、热爱祖国的心走进绿色的军营。雷锋始终不忘党和国家给予自己的恩情，并用实际行动予以回报。

在短短两年时间里，雷锋先后立下二等功一次，三等功两次；不仅如此，还获得了“模范共青团员”“节约标兵”等光荣称号。在雷锋看来，这些荣誉的取得都离不开党和上级领导对自己的关怀和培养。他始终把爱党、爱国当作自己最坚定的信念，以此为己任，矢志不渝地履行着自己的诺言。

信念是雷锋最好的精神支柱，信念支撑着雷锋走向成功。作为党和国家忠贞的拥护者，雷锋时刻以更高的标准要求自己——“在新的一年中，我决心继续努力……”

1月11日

今天，教员给我们连上了防原子武器一课。……下课后，便立刻组织大家学习毛主席《和美国记者安娜·路易斯·斯特朗的谈话》等文章。毛主席说：“原子弹是美国反动派用来吓人的一只纸老虎，看样子可怕，实际上并不可怕。当然，原子弹是一种大规模屠杀的武器，但是决定战争胜败的是人民，而不是一两件新式武器。”

通过学习，大家提高了认识，端正了态度。……因此在防原子弹操练中，大家干劲儿十足，信心百倍，操作认真。虽然在零下20多摄氏度的野外练习防原子，但没有一个人叫苦的。我看到同志们那种苦练硬功夫的劲头，真是高兴极了。

解读

热爱祖国，保卫祖国，是每位军人最神圣的使命。

对于参军不久的雷锋来说，学习各种本领是必然的。当教员为战士们上了一堂“防原子武器”的课之后，雷锋深刻认识到：热爱祖国不仅体现在战场杀敌牺牲生命，更要在平日里苦练“硬功夫”。

《和美国记者安娜·路易斯·斯特朗的谈话》，是毛泽东1946年8月6日接受美国记者采访时的谈话记录，收入《毛泽东选集》第四卷。毛泽东在这篇文章中阐述了对第二次世界大战结束不久的国际、国内形势的看法。

通过学习，雷锋更加了解祖国面临的困难和处境，意识到热爱祖国的方式有很多种。通过学习，战士们统一了认识，在“零下20多摄氏度”的野外训练时，没有一个人叫苦。

祖国好比我们的母亲，我们不仅要有爱她的心，更要学会怎样去保护她。这样才能抵御外敌入侵，使祖国更加强大。

1月13日

今晚，我看了《洪湖赤卫队》电影，感到浑身是力量，我激动的心情像大海的浪涛一样，总也不能平静。

共产党员——韩英同志那种坚强勇敢、不怕牺牲的精神给了我莫大的鼓舞和无穷的力量。她在敌人监狱里宁死不屈，并歌唱：“为革命，砍头只当风吹帽；为了党，洒尽鲜血心欢畅。”她这崇高的豪言壮语，深深地刻在我的脑海里。我决心永远向韩英学习，为了党，我不怕上刀山入火海；为了党，哪怕粉身碎骨，永不变心。

解读

军营就像一个大家庭，总是提供给战士们更多、更好的学习机会。其中，看电影就是一种寓教于乐的好方式。

这天晚上，雷锋观看了《洪湖赤卫队》。影片讲述了一个发生在1930年的革命战争故事：湖北省洪湖地区，地方武装斗争在如火如荼地进行着。在共产党员韩英和游击队长刘闯的带领下，洪湖赤卫队员与敌人展开了一场勇气与智慧的较量。

影片中女共产党员韩英坚强、勇敢、不怕牺牲的精神，让雷锋更加坚定了热爱党、忠于党的信念。韩英在狱中所唱的歌——“为革命，砍头只当风吹帽；为了党，洒尽鲜血心欢畅”，令雷锋感动不已，心情久久不能平静。

当时，已加入中国共产党的雷锋，再次表示自己的决心：“为了党，我不怕上刀山入火海；为了党……”

1月14日

在最困难、最艰苦的工作中，我就想起了黄继光，浑身就有了力量，信心百倍，意志更坚强……

我每次外出执行任务或在最复杂的环境中，就想起了邱少云，就能严格地要求自己，很好地遵守纪律。

每当我得到福利和享受的时候，就想起了白求恩，就先人后己，把享受让给别人。

当个人利益与国家、党和人民的利益发生矛盾的时候，我就想起了过去家破人亡、受苦受难的苦日子，就感到党的恩情永远报答不完。

解读

黄继光和邱少云是我们非常熟悉的英雄人物，他们为了党和国家不惜牺牲了自己的生命。当党和国家的利益与个人利益摆在一起的时候，他们毫不犹豫地选择了维护党和国家的利益。

雷锋从英雄那里受到了极大的鼓舞，汲取了无穷的力量。从小受苦受难长大的雷锋，知恩图报，懂得饮水思源。他学习这些先进人物的事迹，为的是像他们那样，时刻牢记党的宗旨，热爱党的事业，把党和国家的利益放在首位。

1月16日

今天下了大雪，刮着刺骨的北风。为了使车辆经常保持良好的技术状态，随时开得动，我和韩玉臣同志主动到车场保养车辆。双手拿着冰冷的工具，调整和修理铁的机器，的确冷得很，有时手拿着铁的机件，就把手和机件粘在一起了。特别是双手伸到汽油里去清洗机件，更把手指冰得好像针扎一样，我真想去烤烤火。可是，一想起连长在军人大会上的报告："在三九天里保养车是一个艰巨的战斗任务，过硬的功夫是在冰天雪地里锻炼出来的。"我感到有一股暖流立刻传遍了全身，觉得有了无穷的力量，打消了烤火的念头，继续清洗机件。经过八个多小时野外苦战，终于把汽车保养好了。虽然手冻裂了口子，但是锻炼了自己的意志，提高了技术。

解读

敬业奉献是雷锋的人生信条。

雷锋当兵后，很快被分配到了运输连，成为一名汽车兵。从那以后，雷锋每天都和汽车形影不离。在雷锋眼中，车辆不仅是工作中必不可少的运输工具，也是需要随时呵护的"伙伴"。

鞍山的冬天极其寒冷，雷锋为了让车辆时刻保持良好的工作状态，不畏严寒在露天保养汽车。在保养汽车的过程中，需要用汽油清洁车辆部件，检查细小的故障。时间一长，雷锋的手和机件粘在了一起，一边是冰冷的铁，一边是手心的肉，冻在一起的滋味实在不好受。俗话说，"十指连心"，当时的滋味可想而知……然而雷锋还在继续。是什么让他没有放弃？是雷锋对待工作的态度和责任心。雷锋立足本职、忠于职守，在平凡的岗位上创造了不平凡的业绩。他爱党、爱人民，也爱工作中的“伙伴”。

×月×日

学习愚公不怕困难，敢于斗争，敢于胜利的精神。

愚公能挖掉两座大山，我有恒心克服各种困难，学习好毛主席著作和军事技术，把自己锻炼成为一个又红又专的共产主义革命战士，更好地为人民服务，为人类的解放事业——共产主义而贡献自己的一切。

解读

《愚公移山》，一个古老的寓言故事，代表做事有毅力、有恒心，坚持不懈，不怕困难的精神，象征一种知难而进的处世态度。雷锋时刻用愚公移山的精神勉励自己。

在困难面前，雷锋从不打退堂鼓，立志做一位年轻的“愚公”。愚公能够挖掉两座大山，雷锋更有信心克服各种困难。

有志者事竟成。条件越是艰苦，雷锋越是充满斗志。因为他知道，越是在艰苦的条件下奋斗，越能考验一个人的成色，越能考验所取得的成绩是否有分量。

2月3日

我一口气看完了《中国青年》杂志上徐老（徐特立）写给晚辈的几封家信，越看越感到浑身是劲儿，越看越觉得亲切，越看越想看。特别是徐老说的：“一个共产党员应当什么都知，什么都能，什么都学，什么都干，什么人都交，什么生活都过得下去。”这些话对我来说，是有很大启发和教育的，也是我应当知道的，必须要做的。我要永远记住徐老这些有益的话，并且要贯穿于一切言论和行动之中，决心把自己锻炼成为一个名副其实的共产党员，为人类做出贡献。

解读

不论在工作还是生活中，雷锋总是抱着谦虚好学、锐意进取的态度。拜读名人的文章，是雷锋业余时间常做的一件事。从中，他得到的是前辈们用心血总结的经验，学到的是人生的真谛。

徐特立（1877—1968 年），湖南善化（今长沙）人，无产阶级革命家、教育家，在 1927 年加入中国共产党。革命困难时期，他坚定立场，相信共产党一定能够领导中国人民取得最终的胜利。那个时期，能够阅读到徐特立的文章，雷锋倍加珍惜。

徐特立在《中国青年》杂志上发表的家信深深地打动了雷锋。其中，殷切的期望，浓浓的关爱，字字温暖着雷锋那颗爱学、上进的心。

2 月 5 日

今天是大年初一，大家都愉快地欢度新春佳节，有的打球，有的下棋，有的同志上街看电影，玩得够痛快……

我和同志们打了两盘乒乓球，心里觉得有件什么事没做似的。我想了想，每逢过年过节是人们探家和走亲戚的好日子，这个时候也正是各种服务部门和运输部门最忙的时候，这些地方是多么需要人帮忙啊。

我向副连长请了假，直奔抚顺车站。我刚到，正好一列火车进站。我看到一位老太太很吃力地背着一个大包袱上火车，我急忙跑上前，接过那老太太的包袱，扶着那老太太安全地上了车，给她老人家找了个座位，我才放了心。我要下车的时候，那老太太紧紧地握着我的手说："你真是毛主席和共产党教育出来的好兵……"

我拿着扫帚扫候车室的时候，车站的主任对我说："你辛苦啦，休息休息吧。”我没有休息。我觉得这是自己应尽的义务。我给旅客们倒开水的时候，他们说：“解放军真好，处处关心人。”我这样做，能使人民群众更加热爱党，热爱毛主席，热爱解放军，这就是我感到最幸福的。

解读

对于雷锋来说，“为人民服务”已经不仅仅是五个字那么简单了，而是他生命中的一个信念。

每逢佳节倍思亲。正月初一，每个人都沉浸在欢度新春佳节的喜悦当中。过春节，迎新春，雷锋也感到无比的快乐。同时，他的心里也放不下人民群众。雷锋很小就成了孤儿。在他眼里，人民就是他的亲人，为人民服务就是他的责任。

雷锋来到抚顺火车站，一心一意为人民服务。无论是帮老奶奶背包袱，给大家倒开水，还是到候车室打扫卫生，雷锋处处都在为人民着想，用真情和行动履行着一个公民的责任，践行一名共产党员的承诺。

2月8日

今天文书同志从团里拿回来几本新书，其中《向秀丽》这本书把我吸引住了。我拿了这本书，一口气读完了10多页，越读越使我感到浑身是劲儿，越读越使我敬佩，越读越想读……我用了四个多小时一字字一句句读完了这本书。读过之后，使我提高了阶级觉悟，加深了对剥削阶级的仇恨，对劳动人民的热爱……使我懂得了热爱同志和集体，懂得了爱护国家的财产和人民的生命安全，要比爱护自己的生命为重。

我决心永远学习向秀丽同志坚定的阶级立场，敢于斗争的精神；学习她耐心帮助同志、处处为集体谋利益的精神；学习她对工作极端负责任；学习她对党对人民无限忠诚；学习她爱护国家财产胜过爱护自己生命的精神；学习她在紧急关头，挺身而出、英勇牺牲的精神……我时时刻刻都要以她为榜样，经常对照自己和鞭策自己，把自己锻炼成为一个坚强的无产阶级革命战士。

解读

三人行，必有我师。雷锋是一个努力向上、不断进取的楷模。

同样，在雷锋的成长过程中，他也有自己学习的榜样。他常常把别人当作自己的老师，学习别人的优秀品质，使自己不断进步。

《向秀丽》一书讲述了普通女工向秀丽短暂却不平凡的一生。读过这本书后，雷锋为自己定下了这样的目标："我时时刻刻都要以她为榜样，经常对照自己和鞭策自己……"

我们的楷模是谁？我们下一步该做什么呢？

2 月 10 日

我觉得一个革命者就应该把革命利益放在第一位，为党的事业贡献出自己的一切，这才是最幸福的。

解读

从新兵成长为优秀的共产党员，雷锋觉得幸福极了。一路走来，他觉得自己付出的心血和汗水是值得的。

雷锋的幸福感来源于为党的事业多做贡献，因此始终把党和国家的利益放在第一位。幸福，不仅限于物质上的满足，更多的来源于精神上的满足。因为雷锋的精神是饱满的，他的幸福感才如此强烈。

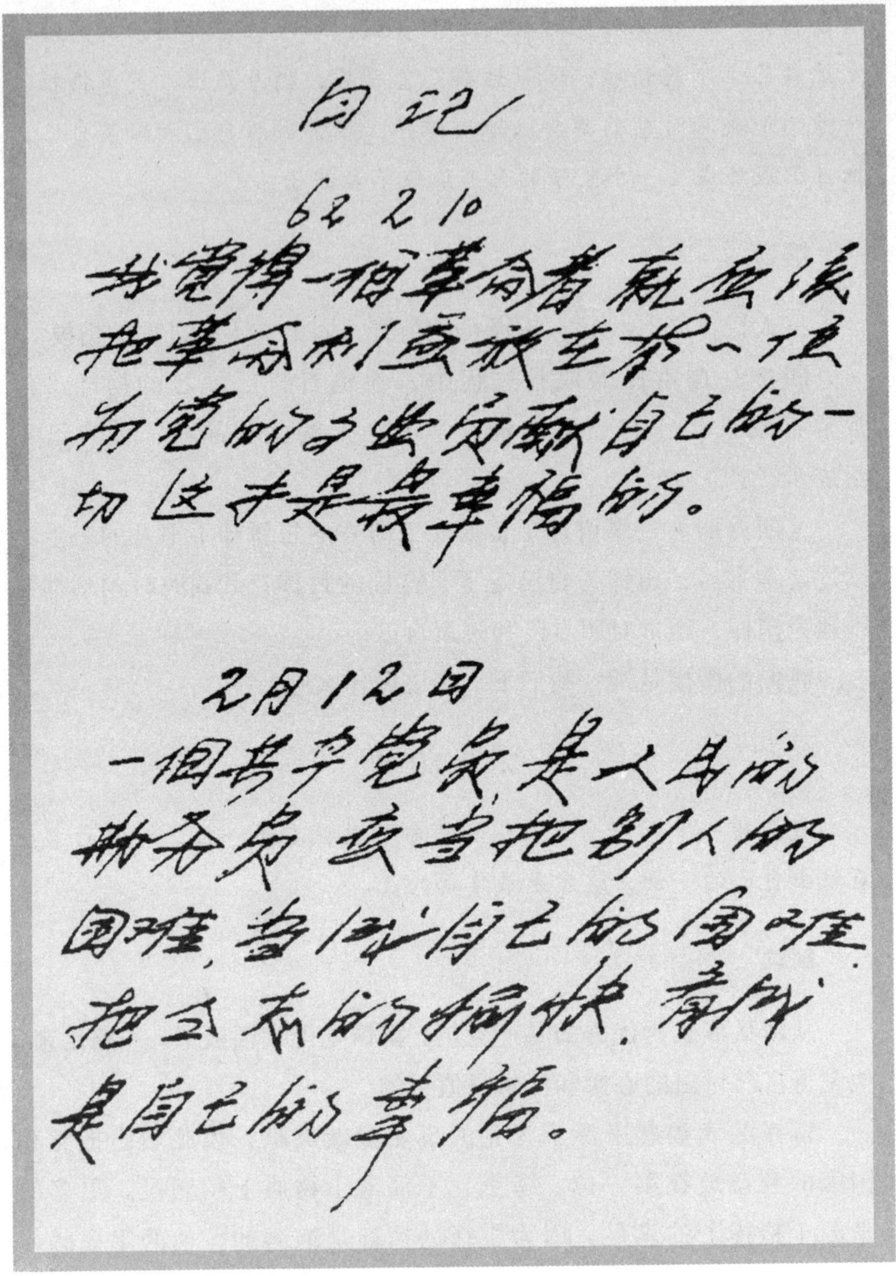

日记

62 2 10

我觉得一个革命者就应该把革命利益放在第一位为党的事业贡献自己的一切这才是最幸福的。

2月12日

一个共产党员是人民的勤务员 应当把别人的困难，当作自己的困难，把同志的愉快，看成是自己的幸福。

2月12日

一个共产党员是人民的勤务员，应当把别人的困难当成自己的困难，把同志的愉快，看成是自己的幸福。

解读

身为共产党员的雷锋，把自己当作人民的勤务兵。哪里有人民，哪里就会出现雷锋忙碌的身影。他用自己的忙碌换来了大家的方便。

人民脸上的笑容，就是雷锋最好的动力。不管雷锋的身份是“新兵”还是共产党员，他为人民服务的心，始终没变。真正为人民服务的人，不计较个人得失，也不计较身份地位，更不会计较是否有回报。

2月14日

我今天能够参加团里的党代会，感到特别的高兴和激动。回顾10多年前，我还是一个穷苦的孤儿，吃不饱，穿不暖，过着饥寒交迫的苦日子。

……自从来了伟大的共产党和英明的毛主席，我才脱离苦海见青天。

伟大的党啊——我慈祥的母亲，是您把我从虎口中拯救出来，抚育我成长。

是您，给了我无产阶级的思想。

是您，给我指出了前进的方向。

是您，给了我前进的动力。

是您，给了我的一切……

敬爱的党——我慈祥的母亲，我只有以实际行动来感恩。

一、坚决听党的话，一辈子跟着党走。

二、刻苦学习，忘我劳动，积极工作，完成党交给我的任务。

三、永远忠于党，忠于人民，为共产主义事业奋斗终生。

解读

雷锋感谢党，是党把他从水深火热的日子中解救出来。他把党比作母亲，时刻提醒自己要忠于党，听党的话。

“敬爱的党——我慈祥的母亲，我只有以实际行动来感恩”，雷锋是这么说的，也是这么做的。这一天，雷锋参加了团里的党代会，心情格外激动。

雷锋是多么希望能和“母亲”分享这个好消息啊！他在日记里向“母亲”倾诉自己的心绪，表达自己的志愿，立下庄严的誓言。

2月19日

今天是我永远不能忘的日子。像我这样一个穷孩子，能光荣地参加这次沈阳部队召开的首届团代会，感到万分的激动，能见到上级首长，直接听到首长的报告和指示，更是感到荣幸。首长特邀我参加这次隆重的团代会，并选我为主席团的成员。能和首长坐在一起，能和来自四面八方的英雄模范见面，等等，这一切都是我过去做梦也想不到的。我这次参加团代会，既感到高兴，又感到惭愧。高兴的是：有党和毛主席的好领导，全军共青团工作取得了巨大的成就；惭愧的是：我为党和人民做的工作太少了，比起其他的代表，我差得太远了。但是我决不甘心落后。我想，只要听党和毛主席的话，积极肯干，就能为祖国为人民做出许多好事。我相信自己，别人能做到的事，我一定能做到。我决不辜负党和人民对我的期望，决心从以下几个方面努力：

一、永远听党和毛主席的话，党指向哪里，我就冲向哪里，处处以整体利益为重，全心全意为革命工作，勤勤恳恳，踏踏实实，在平凡细小的工作当中，干出不平凡的业绩。

二、好学：我要认真学习毛主席的著作，刻苦钻研技术和业务……决心做个又红又专的革命战士。

三、我要密切联系群众，相信群众，虚心向群众学习，团结带领群众一同前进，永不自满，永不骄傲，永远谦虚谨慎，紧紧地与群众团结在一起，共同为党的伟大事业而奋斗。

四、我要积极肯干，做到说干就干，干就干好，脚踏实地、实事求是地干，千方百计地干，事事拣重担子挑，顺利时干得欢，受挫折时也要干得欢，扎扎实实地干，一定要把事情办好。

解读

有些人会因为得到太少而感到遗憾，雷锋却因为付出太少而感到惭愧。看到别人做得好，雷锋从不嫉妒，而是不断加强自己的修养，提高自己的觉悟。他坚信，别人能做到的事情，自己一定也能做到。

字里行间，我们可以感受到雷锋那份冲劲儿，那种锐意进取、自强不息的精神。

2 月 26 日

过去，我是孤苦伶仃的穷光蛋。

现在，我是一个光荣的共产党员，国家的主人。

将来，我永远是党的忠实儿子，人民的勤务员。

解读

回首过去，审视现在，憧憬未来，每个人都会有自己的认识和看法。

雷锋从一个无依无靠的穷人家孩子成长为一名优秀的共产党员，这中间，经历了不少艰难困苦。现在，他不再是挨饿受冻的苦孩子、孤苦伶仃的穷光蛋，而是新中国的主人。

对于未来，雷锋早早地就在心中做好了规划：要永远做党的好儿子，永远忠于党，当人民的勤务员。

2月27日

雷锋呀，雷锋！我警告你牢记：千万不可以骄傲。你永远不能忘记，是党把你从虎口中拯救出来，是党给了你一切……至于你能做一点事情了，那是自己应尽的义务。你每一点微小的成绩和进步都应该归功于党，要记在党的账上。我一定听党和毛主席的话，把我的青春献给世界上最壮丽的事业——为人类解放而斗争。

解读

面对诸多的荣誉，雷锋并没有沾沾自喜，而是不止一次地告诫自己：“千万不可以骄傲。”

雷锋义无反顾地投入到党和国家的建设中，因为他没有忘记，是党解放了中国，解放了千千万万的穷苦人民，也解放了自己被抽打过的身躯和被禁锢的心灵。比起党给予的恩情，雷锋总觉得自己对党的爱还不够。他要把自己全部的青春都献给党，献给自己的“恩人”。

3月×日

不经风雨，长不成大树；

不受百炼，难以成钢。

迎着困难前进，这也是我们革命青年成长的必经之路。有理想有出息的青年人必定是乐于吃苦的人。

解读

“吃苦”，是年轻人成长过程中的一条必经之路。这一点，雷锋非常清楚。他常常反问自己：不经历风雨，幼小的树苗怎么长成参天大树？想要炼成好钢，不经过千百次的锤炼怎么行？

在雷锋看来，困难往往是最好的老师，他不但勇敢地面对困难，还勇于向艰苦的条件发出挑战。雷锋是一个有理想、有抱负的青年，他决心不断地奋斗，做一个对社会有用的人。

3月9日

我懂得，一个人只要听党和毛主席的话，积极工作，就能为党做很多好事情。但，一个人的力量毕竟是有限的，走不远，飞不高，好比一条条小渠，如果不汇入江河，永远也不能汹涌澎湃，一泻千里。

解读

雷锋把个体比喻成“小渠”，把集体比喻成“江河”。他懂得，一个人想要干出一番事业，单凭一己之力是不行的，必须把个人融入集体当中，因为集体的力量才是无穷的。

团结就是力量！雷锋正是一次次与战友们团结在一起，为抗击洪水、重建灾区做出了应有的贡献。

你愿意像细小的水流一样很快干涸，还是像雷锋那样带着热情投入到集体的怀抱，形成合力，与大家一起创造美好的未来？

3月×日

生活中一切大的和好的东西全是由小的、不显眼的东西累积起来的。

人若没干劲儿，好像没有蒸汽的火车头，不能动；像没长翅膀的鸟，不能飞。

解读

在工作中，人要有干劲儿。雷锋常说：“要干就干，干就干好。”

火车跑得快，全凭车头带。雷锋说，人没有干劲儿，就等于失

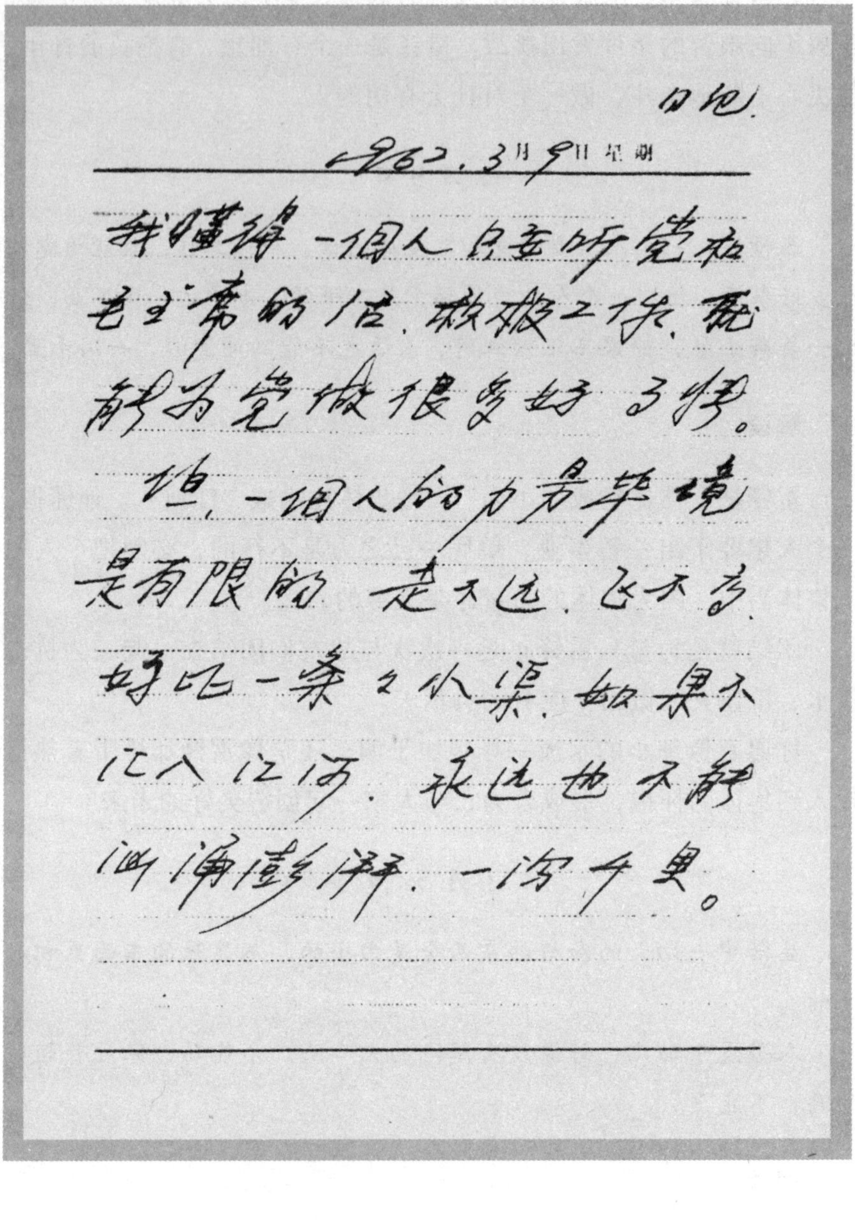

日记

1962.3月9日星期

我懂得一个人只要听党和毛主席的话，积极工作，就能为党做很多好事情。

但，一个人的力量毕竟是有限的，走不远，飞不高，好比一条条小渠，如果不汇入江河，永远也不能汹涌澎湃，一泻千里。

去了火车头，没了动力。这是多么生动形象的比喻啊！只有踏实、努力、勤奋地工作的人，才能说出如此朴实、贴切的话语。

在工作中，雷锋是能手，是干将。正因为他始终保持乐观向上、斗志昂扬的状态，总是带着一股冲劲儿，奋勇争先，才成为人们心中爱岗敬业的典型。

3月28日

我们要真正学到一点东西，就要虚心。譬如一个碗，如果已经装得满满的，哪怕再有好吃的东西，像海参、鱼翅之类，也装不进去，如果碗是空的，就能装很多东西。装知识的碗，就要像神话中的“宝碗”一样，永远也装不满。

解读

谦虚使人进步，骄傲使人落后。

雷锋始终在用知识充实着自己。

在学习中，有的人刚刚取得了一些成绩就开始骄傲自满。雷锋把这样的人看作已经装满的碗，再多、再好的知识也不愿意接受了。对于自己，他希望能像神话中的“宝碗”一样，把无穷无尽的知识一点点装进“碗”里。

雷锋勤奋好学、锐意进取的精神值得我们好好学习。

4月3日

昨天下了一场大雪，今天显得格外的寒冷。吃过早饭，我到团里开会，在路上遇到一个十来岁的小孩，他穿的衣服很单薄，冻得打哆嗦，我看了心里过不去，立即脱下自己的棉裤，送给了他，这时我心里真感到有说不出的高兴。

解读

通读过雷锋日记，你会发现，一年四季，雷锋几乎都在做着助人为乐的好事。

冬天里的一次萍水相逢，雷锋愿意把自己厚厚的棉裤让给别人穿。这一小小的举动，不但温暖了陌生人的身体，也温暖了陌生人的心灵。

当然，助人为乐的方式有很多种。最重要的是，我们从一件小事中看到了雷锋这种乐于助人的宝贵品格。一个不起眼的举动，一次小小的帮助，看似简单的小事，汇聚在一起，凝铸成实践社会主义思想道德的楷模。

你可知道，像这样的小事，雷锋做了多少件？或许连他自己也记不清。在他的心里，记住的也许只有受助者的微笑，最真挚的感谢，留给自己的，则是那份简单的快乐。

4月4日

有人说：人生在世，吃好、穿好、玩好是最幸福的。

我觉得人生在世，只有勤劳，发愤图强，用自己的双手创造财富，为人类的解放事业——共产主义贡献自己的一切，这才是最幸福的。

解读

“人生在世，吃好、穿好、玩好是最幸福的”，这句话传进雷锋的耳朵里，留在雷锋的日记中，想必是对他产生了很大触动，引发了他深深的思索。

雷锋有自己的幸福观。也许对于雷锋来说，并不想记住这样的话，但这句话作为一个反面教材，时刻提醒他在心里对这样的想法说“不”。

在雷锋眼里，勤奋、努力，靠自己勤劳的双手创造财富，以及为人类的解放事业贡献自己的一切，才是获得真正属于自己的幸福。

4月14日

我失去黄继光这样一个好的阶级兄弟，心情是万分悲痛的，我的眼泪忍不住地直流。

我是人民的战士，我不能再哭了，我要控制自己的眼泪，我要化悲痛为力量，我要更加坚强勇敢起来，我要刻苦练好本领，我要更高地举起毛泽东思想红旗，坚决革命到底，不消灭帝国主义和一切反动派决不罢休，一定要讨还敌人的血债，坚决为黄继光报仇，为人类的解放事业——共产主义贡献自己的一切。

解读

读《黄继光》这本书时，雷锋无法控制自己悲伤的情绪，为黄继光的牺牲泪流不止。

雷锋强忍眼泪写下愿为共产主义贡献一切的决心。“我是人民的战士，我不能再哭了”，他决心化悲痛为力量，刻苦练好本领，坚决革命到底，为黄继光报仇，讨还敌人欠下的血债。

雷锋的童年生活十分悲惨，直到新中国成立才从苦难中解放出来，获得新生。因此，他一直自觉把自己的命运与党和人民的事业联系在一起。黄继光的英雄事迹使他想到了自己的过去，他觉得自己那颗为祖国奉献一切的心，与黄继光的心是相通的。他决心完成英雄未完成的事业，为共产主义贡献自己的一切。

4月15日

《黄继光》这本书，我不只看过一遍，而且是含着激动的眼泪，一字字一句句地读了无数遍，甚至我能把这本书背下来。我每当看完一遍，就增加一分强大的力量，受到的教育也一次比一次深刻。

它对我的启发和鼓舞极大。英雄黄继光之所以能为人类的解放事业做出伟大的贡献，是因为他有高度的阶级觉悟，对敌人恨之入骨，对党、对人民、对革命事业无限忠诚。

我要学习黄继光那种坚定的无产阶级立场；学习他勇敢坚强的革命意志；学习他的高贵品质；学习他关心别人比关心自己为重；学习他兢兢业业为党工作的精神；学习他勤劳朴实的性格；学习他谦虚好学渴求进步的精神；学习他为祖国人民英勇战斗的精神。

现在我是普通一兵，对党和人民没做出什么贡献，但是我有决心，永远听党和毛主席的话，紧紧跟着党和毛主席走，永远忠于党，忠于人民，兢兢业业为党工作一辈子，老老实实为人民服务，坚决完成黄继光未完成的事业。我随时准备献身祖国。必要时，我一定像黄继光那样，贡献自己的生命，做祖国人民的好儿子。

解读

《黄继光》这本书雷锋读了很多遍，每一遍他都一字一句地仔细阅读。每看完一遍，雷锋就觉得心里充满了无穷的力量。雷锋在日记中写道，“自己愿意兢兢业业工作一辈子。”雷锋一直都把敬业奉献作为自己的人生信条，他总能在平凡的岗位上做出不平凡的成绩。不管在什么岗位，他都埋头苦干、任劳任怨，出色地完成工作任务。

生活中，我们也要像雷锋一样，做好自己的本职工作：上学时就要好好学习文化知识，工作时就要努力工作创造价值。

4 月 16 日

我今天一口气读完了《党的好儿子龙均爵》这本书。这本书太好了，对我的教育极深，对我的启发和帮助很大。我处处要以龙均爵为榜样，永远学习他不畏艰难困苦、敢于斗争的精神；学习他关心爱护同志的高贵品质；学习他大公无私、舍己为人的精神；学习他刻苦学习钻研技术的毅力；学习他爱护国家财产和爱护自己生命的精神；学习他处处把国家的利益和人民的利益放在个人利益之上的思想。坚决学习他，并贯彻于实际行动中，一定要在保卫祖国和建设祖国的事业中，贡献自己的力量。

解读

雷锋用一天时间读完了《党的好儿子龙均爵》这本书。

龙均爵（1932—1958 年），贵州锦屏县人，曾经作为一名志愿军战士，在朝鲜战场上出色地完成了为卫生队盖防空洞的任务。停战后，龙均爵回国参加祖国的铁路建设，多次受到表彰。1958 年 11 月，在扑救山火时壮烈牺牲。雷锋在日记里表达出一个志愿：以龙均爵为榜样，学习他大公无私、舍己为人的精神。

雷锋以帮助他人作为自己的最大幸福。每当别人遇到困难，雷锋就会伸出援手，倾力相助。他走到哪里，好事就做到哪里。

其实，帮助别人真的会十分快乐。你在帮助别人的同时会收获两份快乐：一份是别人获得帮助后，传递给你的那份快乐；另一份是因为帮助了别人而获得的那份满足感和自豪感。

学习雷锋就是要学习他乐于助人的精神。多多体验，多多领会“两份快乐”的感觉吧！

4 月 17 日

一个人的作用，对于革命事业来说，就如一架机器上的一颗螺丝钉。机器由于有许许多多的螺丝钉的连接和固定，才成了一个坚实的整体，才能够运转自如，发挥它巨大的工作能力。螺丝钉虽小，其作用是不可估量的。我愿永远做一颗螺丝钉。

螺丝钉要经常保养和清洗，才不会生锈。人的思想也是这样，要经常检查，才不会出毛病。

我要不断地加强学习，提高自己的思想觉悟，坚决听党和毛主席的话，经常开展批评与自我批评，随时清除思想上的毛病，在伟大的革命事业中做一颗永不生锈的螺丝钉。

解读

雷锋读书很认真，他手边的《毛泽东选集》几乎每一篇都勾画出学习重点，记下自己的学习心得。雷锋的读书心得，大都言简意赅，甚至只有几句话或一两个字，比如“好”“牢记”，等等。

雷锋愿意做一颗“螺丝钉”，一颗永不生锈的“螺丝钉”。那么，如何才能做到永不生锈呢？

雷锋把自己比作机器上的一颗螺丝钉，并且要经常保养和清洗，才不会生锈。保养和清洗的秘诀就是不断学习。雷锋一直把学习视为对自己的基本要求，勤奋地学习科学理论，刻苦钻研业务知识，不断地提高、完善自己。唯有学习，才能让人成为一颗坚固的“螺丝钉”，才能释放出巨大的工作能量。

×月×日

学习《论联合政府》。

“掌握思想教育，是团结全党进行伟大政治斗争的中心环节。如果这个任务不解决，党的一切政治任务是不能完成的。”

思想教育应该是经常的，长期的。正如洗脸一样，一天不洗，脸上的脏东西和灰尘就不掉，要是长期不洗，脏东西和灰尘就会在脸皮上结成壳，人家看了，会骂他是懒汉……人的思想也是这样，如果不经常教育，不用正确的思想克服错误的思想，时间长了，思想就会出毛病。思想背了包袱，工作就会消极，干劲儿就不足，各项任务就不能完成。

解读

《论联合政府》，是1945年4月24日毛泽东在中国共产党第七次全国代表大会上所做的政治报告，后被收入《毛泽东选集》第三卷。报告共分五部分：第一部分，针对国民党独裁、卖国、反共反人民的政策，提出成立联合政府，领导新中国成立后的全国人民，将中国建设成一个独立、自由、民主、统一和富强的新国家。第二部分，用辩证唯物论和历史唯物论的原理分析了国际国内形势。第三部分，全面科学地总结了抗战中的两条路线。第四部分，全面阐明了中国共产党的政策。第五部分，号召全党团结起来，为实现党的任务而斗争，并要求全党牢固树立和发扬党的三大作风。

这篇日记是一篇简短的学习心得。雷锋的话语很淳朴，他把思想教育比作“洗脸”,“如果一天不洗脸,脸上的脏东西和灰尘就不掉;要是长期不洗，脏东西和灰尘就会在脸皮上结成壳。”

4月×日

奉军区首长指示，我要去长春机要学校做报告。今天中午12点乘25次快车从沈阳出发。火车上的人很多，我让座给一位老太太坐下，并给她倒一杯开水。因她老人家没吃午饭，我又拿出自己没舍得吃的面包送给她吃。这位老太太很受感动，紧握着我的手说：“好心呀！好心人！”当时我也很激动，不知说啥好。

我除了照顾这位老太太，还帮助服务员扫车厢、擦车厢，给旅客们倒开水，帮炊事员卖饭……很多人都要我休息一会儿。我想：为人民服务嘛，少休息点又算得了什么呢？我还听到很多旅客同志议论说：“这位解放军同志真勤快，什么都干，累得满头大汗也不休息。”我觉得自己累一点算不了什么，只要大家多得些方便，就是我最大的快乐。

解读

雷锋日记中多次提到“快乐”这个词语。照片中的雷锋的笑容，总是那么的灿烂、纯真，最直接、具体地诠释了什么叫“快乐”。快乐的雷锋，雷锋的快乐，其“根”在哪里呢？

雷锋坐火车去长春做报告的路上，碰到了一位老奶奶。他先是给老奶奶让了座，又为她倒了一杯开水。因为老奶奶没吃午饭，他又把自己舍不得吃的面包拿给老奶奶。老奶奶感动地握着雷锋的手，直夸他是好人。

旅途中雷锋除了照顾这位老奶奶，还帮助服务员打扫车厢，给旅客倒开水，帮炊事员卖饭。很多人都让雷锋休息休息，可雷锋觉得自己少休息一会儿不算什么——“只要大家多得些方便，就是我最大的快乐。”

雷锋总是这样，把方便让给别人，把辛苦留给自己。快乐的雷锋来自于人民；雷锋的快乐，其“根”其“源”在人民那里。

5月2日

今天下午我在保养汽车，突然天下大雨。我正在盖车的时候，见到路上有一位妇女，抱着一个小孩，右手拉着一个五六岁的孩子，左肩上还背着两个行李包，走起路来真是很吃力。我急忙跑上前，问她从哪儿来，到哪儿去。她说：“从哈尔滨来，到樟子沟去。”她还告诉我说：“兄弟呀！我今天遭老罪了，带两个孩子，还背一些东西，天又下雨，现在天快黑了，还要走10多里路才能到家。现在我都累迷糊了，我哭也哭不到家呀……”我听她这么说，心里很过不去。我想，毛主席说过：“我们的同志不论到什么地方，都要和群众的关系搞好，要关心群众，帮助他们解决困难。”想起毛主席的教导，浑身有了力量，我跑回部队驻地，拿着自己的雨衣给那位妇女，我又抱着她的孩子，冒着风雨送她们回家。在路上，我看那小孩冷得发抖，我立即脱下自己的衣裳给他穿上。走了 1 小时 40 分钟，终于把他们送到了家，那妇女激动地对我说：“兄弟呀，你帮了我，我一辈子也忘不了啊……”

我对她说：“军民一家嘛，何必说这个呢……”我离开她家的时候，风雨仍然没停，他们都留我住下，我想，刮风、下雨、天黑，算得了什么？一定要赶回部队，明天照常出车。我一边走一边想着：我是人民的勤务员，自己辛苦点，多帮人民做点好事，这就是我最大的快乐和幸福。

解读

幸福在哪里？快乐在哪里？

这天，雷锋在给汽车做保养时，下起了大雨。他盖汽车的时候，突然看到有一个妇女在路上吃力地走着。原来，她怀里抱着一个孩子，手上还拉着一个，肩上又背着两个行李包。雷锋急忙跑过去问她去哪里，妇女说她还有十多里路才能到家。这时天已经快黑了。

此时的雷锋心里很为她担心。于是，雷锋跑回部队，把自己的雨衣拿给那个妇女穿，又抱起她怀里的孩子，冒雨送她们回家。雷锋看到孩子冷得直发抖，就把自己的衣服脱下来给孩子穿上。在雨中走了将近两个小时，雷锋才把她们三人送回家。

雨还没有停，雷锋坚持要赶回部队。这其中的辛苦只有雷锋最清楚。但雷锋想的是：我是人民的勤务员，这点辛苦不算什么，多帮人民做点好事，才是我最大的快乐和幸福。

5 月 6 日

今天是星期日，过得很有意义。上午修路 200 米，把几个坑洼的地方都填好了。开车的人对我说：“你做了好事呀！把路修好了，以后行车就要少遭点罪了。”我想，是呀！为了使行车方便，减少车辆震动，以防机件受损失，自己少休息点，多劳动点，是完全值得的。

下午，我保养了一个小时车，其余时间帮老百姓种地。我看到老乡们犁地，心想：借此机会学习犁地也不错呀！我提出要求，就得到了老乡的支持。尤其是王老大爷真好，把着手教我犁地。开始，牲口不听我使唤，地也犁得弯弯曲曲的。学习了一会儿，找到了点门路，慢慢就顺手了。两个小时过去了，老乡说："休息一会儿吧，让牲口吃点饲料。"说实在的，这时我真不想休息，总想多学一会儿，虽然累了一身汗，我觉得学点犁地技术是完全划得来的。从内心往外说，我时刻都想多学点本领，更好地为人民服务。我时刻牢记着马克思的教导：不学无术在任何时候，对任何人，都无所帮助，也不会带来利益。今天，我为了人民的利益、阶级的利益、革命的利益，多学点本领就更为必要了。我之所以要虚心学习，刻苦钻研，学到真本领，就是为此目的。

解读

雷锋勤快，心细。

这天是星期天，可是雷锋又没有休息：上午，去修路；下午，去帮着老百姓种地。

上午修路，填平了路上很多坑坑洼洼的地方，开车的人都夸他做了好事。雷锋自己很高兴，为了让大家行车方便，自己少休息点，也是非常值得的。

下午，雷锋看到老乡在犁地，就跑过去学习，然后帮忙犁地。刚学会犁地的雷锋渐渐找到了门路，越犁越顺手，竟然忘记了休息。

雷锋的心思是：多学一点，再多学一点，这样以后才能更多、更好地帮助他人，更好地为人民服务。

5月8日

今天部队发放了夏天的服装，本来每人发两套军服、两双胶鞋……我想，当前国家正处在困难时期，再说，我们的国家还很穷。可是党和人民对我们却还这样无微不至地关怀，使我从内心感激党和人民的关怀。党和人民对我们这样好，我们也得为党和人民着想。应该积极响应党的号召，发愤图强，自力更生，处处做到增产节约，发扬我军艰苦朴素、勤俭节约的优良传统。

为了和人民群众同甘共苦，减轻人民的负担，共同克服目前的困难，我只领了一套单军服，一双新胶鞋，其他用品也少领了。以前用过的东西，我都修补好了，继续使用。穿破了的衣服补好了再穿。我觉得就是现在穿一套打补丁的旧衣服，也比我过去披的破烂衣服要好千万倍啊！

解读

雷锋所在的部队开始发夏天的军服。本来每人应该发两套军服和两双胶鞋，可雷锋想到国家现在还处在困难时期，应该勤俭节约，于是只领了一套单军服和一双胶鞋。

雷锋是从艰苦的环境中磨炼出来的。他一直勤俭节约，生活朴素，把点点滴滴省下来的钱用于支援国家建设，帮助别人解决困难。雷锋一心想着要和人民同甘共苦，要为人民减轻负担。

雷锋十分节省，破了的袜子、衣服重新补好接着穿。现在，我们的生活条件与雷锋所处的时代相比已经好了很多，可是这种节俭的精神依然不过时。虽然我们不用再穿补了又补的衣服，但我们可以在生活的方方面面继续发扬勤俭节约的精神。

工人日記

6 月 22 日

从 3 月 16 日到今天，我开的汽车已安全行驶了 4000 多公里，没有发生事故，圆满地完成了上级首长交给的各项任务。

为了使车辆经常处于良好的技术状况，准备迎接新的任务，首长给了我一天时间保养车。从今早 6 点钟开始工作，清洗了燃油系，检查调整了电路，底盘各部机件打了黄油。当我把全车螺丝检查紧定完毕的时候，接到首长的指示，叫我马上出车，护送一个重病号到卫生连。我急忙收拾工具，出车护送。临走前，我看了下手表，已是下午 1 点了。这时我的肚子也感到有些空了。凑巧，我连炊事员给我送来了一盒午饭，大家叫我吃了饭再走。但是我想：阶级兄弟病重，处在紧要关头，抢救同志要紧，不能耽误时间，于是起车出发。

经过两个多小时急行车，终于把病号按时送到了卫生连，顺利地完成了任务。这时，我才松了一口气，感到格外的痛快。

解读

做任何事情必须得分清轻重缓急。

当两件事情同时需要处理的时候，我们应该先做哪一件？大家一定会说先关注“急”和“重”。如果要做的事情与自己手边的事情发生了冲突，应该优先照顾哪一方呢？

就让雷锋来替你解答吧！

这天，雷锋为工作忙了一上午，还没顾得上吃午饭，就接到护送一个伤病员去医院的任务。炊事员为雷锋送来午饭，可雷锋觉得，此时护送伤病员更重要，于是饿着肚子出发了。

少吃一顿午饭也许不算什么，但从中反映出的精神却是高尚的，让我们看到了雷锋高贵的品格。

读到这个地方，我想，大家已经知道上面那个问题的答案了。

6月30日

我认为，一个革命者，要树立牢固的集体主义思想，时刻都要把集体利益放在第一位。同时还要坚决打消个人主义，因为个人主义对革命不利，对集体有损害。个人主义好比大海中的孤舟，遇到风浪，一碰就翻。集体主义好比北冰洋上的原子破冰船，任凭什么坚冰都可以摧毁。我认为坐在小舟里摇摇晃晃不好，还是坐在原子破冰船上乘风破浪一往无前为好。

解读

个人与集体之间的关系，不能直接用哪个重要、哪个不重要下一个简单的判断。用雷锋日记里的话来说就是："个人主义好比大海中的孤舟，遇到风浪，一碰就翻。集体主义好比北冰洋上的原子破冰船，任凭什么坚冰都可以摧毁。"

没有集体就不会有个人，同样的，没有个人也不会有集体。在两者利益发生冲突的时候，只有维护好集体利益，个人利益才能得到保全。这两者之间不是互相否定的存在，而是相辅相成的。只有协调好二者的关系，我们的生活才有可能变得更加美好。

7月29日

今天，指导员找我谈话。他说："雷锋同志，你从3月份离开连队到下石碑山单独执行运输任务，工作很积极，政治责任心强，任务完成得很出色，安全行车4000多公里没发生事故，同时还给人民群众做了很多好事。这很好，要继续发扬……不过，现在有人反映，说你和一位女同志谈情说爱，是否有这么回事呢？你好好谈谈。"

从内心往外说，我没有和哪个女同志谈情说爱。指导员提出这个问题，我感到莫名其妙，不知风从何起。首长经常教育我们，无论到什么地方，都要严格要求自己，不要违法乱纪。这些话，我永远也不能忘记，坚决不会明知故犯。

我想：自己年轻，正是增长知识的好时候，应该好好学习，好好工作，更好地为人民服务。我还这样想过：我是在党哺育下长大成人的，我的婚姻问题用不着自己着忙……

现在，有同志说我谈情说爱，没有任何根据，完全是误解。我是个共产党员，对别人的反映和意见不能拒绝，哪怕只有百分之零点五的正确，也要虚心接受。现在有的同志还不了解我，冤枉了我，使我受点委屈，这也没什么，干革命就不怕受委屈。“没做亏心事，不怕鬼敲门”，我没有这回事，就不怕人家说。

“有则改之，无则加勉。”事情总会清楚的，让组织考验我吧。

解读

君子坦荡荡，小人长戚戚。

生活中谁都难免会碰到被人冤枉的时候。面对这种无端的指责或非议，大家是如何应对的呢？雷锋日记中写到了一件他被冤枉的事情，先让我们看看他是怎么做的吧！

面对莫名的质疑，雷锋没有生气或者大声反驳，他的心态很平和，自认为“没做亏心事，不怕鬼敲门”。当面对别人的错误指责时，有则改之，无则加勉，因为他相信，清者自清，浊者自浊，真相不用过多解释，总会显现出来。

雷锋这种做法是不是很值得钦佩？

7月30日

今天起床后，我们参加了后勤处的生产劳动。到地里后，有的同志没按计划带工具，本来叫带10把镐头、6把锄头，结果只带了两把镐头、5把锄头，影响了生产。

这件事，对我的启发教育很大。我认为不按计划办事，害处很大。今天所见仅仅是生产当中的一件小事，大事又何尝不是如此呢？我感到无论做什么，一定要事先有计划，不能盲目乱干。只有按计划办事，才能圆满完成任务。

解读

这又是一件小事，但雷锋从这件小事中“悟”出了大道理。这个大道理就是做事情要有计划。

生活中，不知道大家有没有做计划的习惯，也许有的人没有，大概是因为觉得做计划是件麻烦的事情。虽然有时候会出现“计划赶不上变化”的情况，但有了计划总可以防患于未然，可以避免许多不该出现的问题。否则，就会像雷锋日记中提到的那样，因为几个战士没有按计划带工具，结果影响到整个集体的生产活动。

8 月 5 日

今天是星期日，本来应该休息。可是因为任务重、工作忙，再加上汽车行驶里程到了二级技术保养期间，我想：完成任务要紧，保养好车辆重要，牺牲个人休息嘛，没有什么。因此，我还是照常工作。上午调整了汽车各部间隙，换了手制动片。下午送工作组首长到我团工作，一路很平安……

解读

休息时间对于每个人来说都很宝贵。大部分人认为，休息时间，能休息就休息；能不学习，就不学习；能不工作，就不工作。这种心态可以理解，毕竟人是需要休息的，但这个“原则”是可以变通的。比如考试临近，适当地牺牲一点休息时间是必要的。如果能利用自己一部分休息时间取得一个满意的成绩，何乐而不为呢？

就像雷锋日记里提到的，他牺牲一上午休息时间来保养汽车，换来下午的平安行驶，这样做是很值得的。

8月6日

我今天听一位同志对另一位同志说："人活着就是为了吃饭……"我觉得这种说法不对，我们吃饭是为了活着，可活着不是为了吃饭。我活着是为了全心全意为人民服务，是为人类的解放事业——共产主义而斗争。

解读

不知道大家有没有思考过这个问题：人，为什么活着？

也许有人会说，活着是为了享乐；有人会说，活着是为了过上好日子；有人或许想不出一个明确的答案。

雷锋是怎样回答这个问题的呢？雷锋的答案与物质享受无关，与一己之私利无关，他的答案很明确——为了全心全意为人民服务。也许有人把这看成一句口号，可雷锋却把它当作人生的信条，并以此为原则去生活，去做事。

今天的志愿者们，已经把为他人服务的精神融入血液中，转化为具体的行动。加入到志愿者的行列当中，就如雷锋一样，可爱又可敬。

8月8日

今天给一营二连拉粮食。上午8点从下石碑山出车，9点半左右就到达了抚顺粮站。这趟是副司机开的。因他缺乏驾驶经验，遇到紧急情况，就手忙脚乱起来，因此，轧死了老乡的一只鸭子。我立即叫他停车，向老乡道歉，并给老乡赔偿了两元钱，使老乡没意见，很受感动。

解读

雷锋与副司机在开车途中不小心轧死了一位老乡的鸭子。雷锋立刻下车给老乡道歉，还赔了老乡两元钱。雷锋的这一举动令老乡心里十分感动。

生活中，我们也许会犯错误，虽然不一定是有意的。错了就是错了，关键是当你意识到自己犯了错误时，不要惧怕，不要回避，更不能逃避。犯错误并不可怕，可怕的是你不愿承担责任，一错再错。只要意识到错误，及时改正，那么错误就可以得到弥补，逆境也可以转变为顺境。

8 月 9 日

今天我看了一位科学家对青年讲的一段话，对我的启发教育很大。他说："你在任何时候，也不要以为自己什么都知道。不管别人怎样器重你们，你们都要有勇气对自己说：'我没有学识！'决不要陷于骄傲。因为一骄傲，你们就会固执起来；因为一骄傲，你们就会拒绝别人的忠告和友谊的帮助；因为一骄傲，你们就会丧失客观方面的准绳。"

这些话好得很，我不但要永记，而且要贯彻到言语行动中。

解读

雷锋在这篇日记中引用了这样一段话："决不要陷于骄傲。因为一骄傲，你们就会固执起来；因为一骄傲，你们就会拒绝别人的忠告和友谊的帮助；因为一骄傲，你们就会丧失客观方面的准绳。"

这段话蕴含着深刻的道理，雷锋将它作为自己的"警钟"，时刻提醒自己，警醒自己。

有时候我们也许会因为自己取得的一点成绩就沾沾自喜，得意扬扬，但有骄傲情绪是可怕的，它像一团无孔不入的充满馨香的气体，随时可能将我们包围，让我们沉浸在它的“香气”之中而忘乎所以。

我们只有谨记这个道理，才能防止“骄傲的香气”将自己迷惑，才能像雷锋一样，绝不陷进骄傲的泥潭之中。

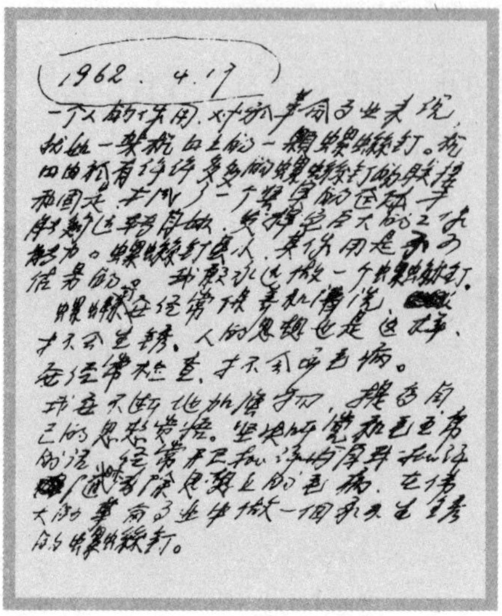
1962. 4.17
一个人的作用，对于革命事业来说，就如一架机器上的一颗螺丝钉。机器由于有许许多多的螺丝钉的联接和固定，才成了一个坚实的整体，才能够运转自如，发挥它巨大的工作能力。螺丝钉虽小，其作用是不可估量的。我愿永远做一个螺丝钉。螺丝钉要经常保养和清洗，才不会生锈。人的思想也是这样，要经常检查，才不会出毛病。
我要不断地加强学习，提高自己的思想觉悟。坚决听党和毛主席的话，经常开展批评和自我批评，随时清除思想上的毛病，在伟大的革命事业中做一个永不生锈的螺丝钉。

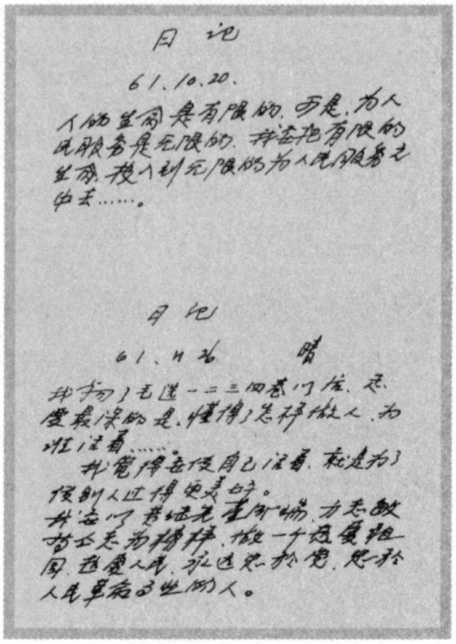
日记
61.10.20.
人的生命是有限的，可是，为人民服务是无限的，我要把有限的生命，投入到无限的为人民服务之中去……

日记
61.11.26 晴
我学习了毛选一二三四卷以后，感受最深的是，懂得了怎样做人，为谁活着……
我觉得要使自己活着，就是为了使别人过得更美好。
我要以黄继光、董存瑞、方志敏等英雄为榜样，做一个热爱祖国，热爱人民，永远忠于党，忠于人民革命事业的人。

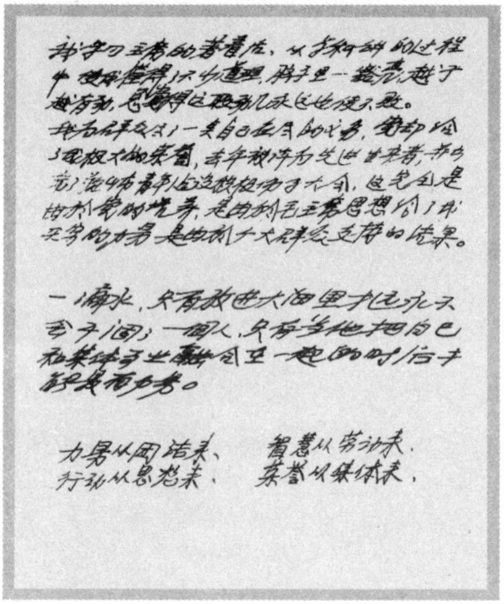
我学习毛主席的著作后，从学和用的过程中，使我懂得了不少道理，脑子里一亮，越学越有劲，思想觉悟也就不断地提高。
我在部队里一贯尽自己应尽的义务，党却给了我很大的荣誉，去年被评为先进生产者，并出席了沈阳部队青年积极分子大会，这完全是由于党的培养，是由于毛主席思想给了我无穷的力量，是由于广大群众支持的结果。

一滴水，只有放进大海里才永远不会干涸；一个人，只有当他把自己和集体事业融合在一起的时候才能最有力量。

力量从团结来、　　智慧从劳动来，
行动从思想来、　　荣誉从集体来，

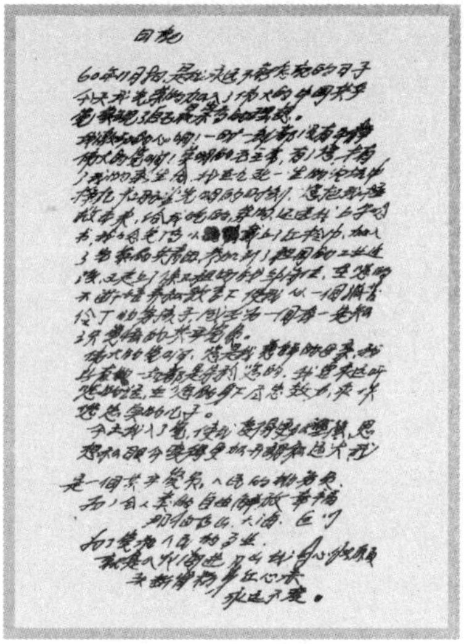
日记
60年11月8日，是我永远不能忘记的日子，今天我光荣的加入了伟大的中国共产党，实现了自己最崇高的理想。
我激动的心啊！一时一刻都没有平静，伟大的党啊！英明的毛主席，有了您，才有了我的新生命，我在九死一生的火坑中挣扎盼望光明的时刻，您把我救出来，给我吃的，穿的，还送我上学念书，我念完了高小，就戴着红领巾参加了治沩工程，当了拖拉机手，参加了鞍钢的工业建设，又走上了保卫祖国的神圣岗位。在您的不断培养和教导下，使我从一个孤苦伶仃的穷孩子，成长为一个有一定知识和觉悟的共产党员。
伟大的党啊，您是我慈祥的母亲，我的一切都是党给的，我要永远听您的话，在您身边做一个忠实的儿子。
今天我入了党，使我变得更加坚强，思想和眼界变得更加开阔了。
是一个共产党员，人民的勤务员，
为了全人类的自由解放幸福
那怕是上刀山，下火海，头可断，血可流，
对于党和人民的事业
就是入刀山进火海，我的红心
永远不变。